दाम्पत्य मनोविज्ञान

मैं तभी होती हूँ
सम्पूर्ण
और
शांत
जब तुम होते हो साथ !

—*उषा जैन 'शीरीं'*

दाम्पत्य मनोविज्ञान पर आधारित आलेख–

दाम्पत्य मनोविज्ञान

लेखिका

उषा जैन 'शीरीं'

अक्षय के लिए.........

पराग प्रकाशन

ISBN– 978-81-7468-129-4

मूल्य : तीन सौ पचहत्तर रुपये / संस्करण : प्रथम, 2014 / प्रकाशक : पराग प्रकाशन आई–2/16, मेन अंसारी रोड, दरियागंज, नई दिल्ली–110002, फोन : 301 88 888 23279853, शब्द–संयोजन : पराग प्रिंटिंग सर्विस, नई दिल्ली–110048 द्वारा एवं बालाजी ऑफसेट, दिल्ली–110032 में मुद्रित ।

Dampatye Manovigyan *(Psychology of Wedding)*
by Usha Jain 'Sheereen'

दो शब्द...

इस पुस्तक में सरल शब्दों में पति-पत्नी के अत्यंत बारीक और जटिल सम्बंधों की जांच पड़ताल की गई है । दाम्पत्य को हर पहलू से देखा-परखा गया है ।

दाम्पत्य की राह में बाधाएं भी कम नहीं है, कभी अस्मिता को लेकर, कभी इगो-क्लैश, कभी पैसे, तो कभी बच्चों की परवरिश के मुद्दे को लेकर, अक्सर ही रिश्तों में कड़वाहटें घुलने लगती हैं ।

इन्हें एनेलाइज कर, कैसे समझदारी से उनसे निपटा जाए, इसके अनेक सुझाव इस पुस्तक में मिल जाएंगे ।

दाम्पत्य एक्सपर्ट डेवक्युटर के अनुसार *"एक बेहतरीन शादी वह नहीं जब एक आदर्श दम्पत्ति साथ रहने लगे, वह तब है जब एक साधारण दम्पत्ति अपने मतभेदों का आनंद लेना सीख ले ।"*

यह सच है कि ये छोटे-छोटे मतभेद ही शादीशुदा जिन्दगी को जीवंतता प्रदान करते हैं ।

पति-पत्नी दोनों के ही लिए समय-समय पर इस बात को दोहराते रहना जरूरी है कि जीवन-साथी के लिए मन में प्यार और आदर, बग़ैर अभिव्यक्ति के बेजान है । और ये कि व्यक्तित्व निखारता है साथी का साथ। सम्पूर्णता प्रदान करता है दो अधूरों का मिलन ।

–उषा जैन 'शीरीं'

शीरीं कॉटेज, के-38, शिवालिक नगर

भेल, हरिद्वार-249403.

अनुक्रम

1

पत्नी कमाऊ हो या नहीं ?

आज के संदर्भ में यह बात बेमानी है कि पत्नी कमाऊ हो या नहीं क्योंकि किसी के कहने सुनने से समाज की बहती धारा का रुख मुड़ने वाला नहीं । यह मल्टी नेशनल कम्पनियों का दौर है । ग्लोबलाइजेशन ने मार्केट का, समाज का नक्शा ही बदल दिया है । उपभोक्ता संस्कृति, बाजारवाद, एकल परिवार से एकल अभिभावक का बढ़ता प्रचलन और पैसा ही भगवान का जीवन मोटो तथा महिला सशक्तिकरण की धूम, इन सब के चलते महिलाएं आगे जो बढ़ीं तो बढ़ती गईं, यहां तक कि पुरुषों को भी पीछे करने लगी हैं । हर चीज आज यूनीसेक्स है । औरत मर्द का अंतर मिटने लगा है, सिर्फ बायलॉजिकल भिन्नता को छोड़कर ।

पुरुषों ने भी काफी हद तक समझौता कर लिया है । शायद इसी के परिणाम स्वरूप वे अपने से बड़ी उम्र की, अपने प्रोफेशन में अच्छी तरह से सैटल्ड, मोटी तनख्वाह पाने वाली औरत को शादी के लिए प्रमुखता देने लगे हैं । अब यह उनके लिए शर्म की नहीं, बल्कि फख्र की बात है ।

बेचारा पुरुष, एक तरफ औरत उसे 'मां का पप्पू' कहकर मर्द बनने के लिए उकसाती है, तो दूसरी तरफ अपनी नौकरी और तनख्वाह का रौब झाड़ते हुए उसे जोरू का गुलाम बनने के लिए लताड़ती है । कानून और समाज, सभी 'बेचारी' औरत के साथ है ।

कमाऊ औरत को समझदार समझा जाता है और घर रहने वाली गृहिणी को बौड़म । सच तो यह है कि आर्थिक रूप से स्वतंत्र होने भर से कोई नारी मानसिक रूप से भी स्वतंत्र नहीं हो जाती । कमाने से आत्मविश्वास बढ़ता है या घमंड, यह सोचने की बात है । आज का सोशल स्ट्रक्चर, सोशल साइकी और लोगों की सोच ऐसी बन चुकी है कि

औरत का कमाऊ होना जरूरी समझा जाने लगा है। जो लोग इसे सही नहीं समझते, वे पिछड़े कहे जाने के डर से अपनी बात खुलकर प्रकट नहीं कर पाते। नारी-स्वातंत्र्य का हिमायती होना आज का प्रचलन है, 'इन थिंग' है।

बेटे की चाह रखने वाले जिनके बेटियां हो जाती हैं, वे ज्यादा बढ़कर नारी-स्वातंत्र्य का डंका बजाते हैं, बगैर यह सोचे कि अच्छे संस्कारों के अभाव में बच्चे आज किस दिशा में जा रहे हैं ? उनकी सोच कितनी गलत होने लगी है, क्योंकि उनकी शिक्षिका एक संस्कारी ममतामयी मां नहीं बल्कि उनका अकेलापन बांटने वाला टी.वी. या गलत सोहबत और अविश्वसनीय और बेईमान नौकर-नौकरानी हैं।

शब्दों का सुंदर जामा पहनाने तथा टी.वी. पर बड़बोले कुतर्कों से डिस्कशन में धाक जमाने से क्या सच बदल जाएगा ? मेरी सास बहुत कोऑपरेट करती हैं, कहकर बड़ी कुटिलता से सास को मुफ्त की नौकरानी बना देना कोई इन महत्वाकांक्षी कमाऊ पत्नियों से सीखे। घर खर्च चलाना, स्टैंडर्ड मेंटेन करना, बच्चों की ख्वाहिशें पूरी करना, ये हैं कमाऊ पत्नियों के तर्क और अपनी ग्रोथ, अस्मिता व जीवन में कुछ कर गुजरने के लिये-ये तर्क भी दिये जाते हैं।

समाज में इतना असंतुलन, इतनी बड़ी खाई बनाने में क्या उन कमाऊ पत्नियों का हाथ नहीं जो बड़े-बड़े बिज़नेसमैन अफसरों की पत्नी या बेटियां हैं। ये समृद्ध घरों से हैं, फिर भी किसी बेरोज़गार नवयुवक का हक छीन रही हैं, किसी ऐसे युवक का जिस पर कई लोगों के परिवार के भरण-पोषण की जिम्मेदारी है।

उनका तर्क है कि बच्चों को वे क्वालिटी टाइम देती हैं। उसी का नतीजा है आज की पीढ़ी का गुमराह होना और दूसरी तरफ उन्हें बेरोजगार करके अपराध की ओर धकेलना।

फिर रात को ड्यूटी करके अपराध को बढ़ावा देना। पति को पत्नी का साथ नहीं मिलेगा तो वह विवाहेत्तर सम्बंध बनाएगा। अपने आपको भी वह कई बार नहीं सम्भाल पाती है। कई बार रोज-रोज की निकटता उसे भी विवाहेत्तर सम्बंधों की ओर धकेल देती है। मजबूरी की बात और है लेकिन केवल लालच और महत्वाकांक्षाओं के कारण घर की उपेक्षा कर फिजूलखर्ची के लिये पत्नी का कमाई करना कहां तक ठीक है ?●●

2

सुखी दाम्पत्य की नींव परस्पर विश्वास

सुखी दाम्पत्य की नींव परस्पर विश्वास पर ही रखी जाती है । विश्वास नहीं होगा, तो आपस में प्यार पनप ही नहीं सकता । समय के साथ पति-पत्नी में आपसी विश्वास और सुदृढ़ होना चाहिए लेकिन ऐसा वास्तव में होता नहीं ।

वैवाहिक जीवन के आरंभिक कुछ वर्षों में तो तीव्र शरीरिक आकर्षण के कारण एक-दूसरे की कमियां नजरअंदाज कर दी जाती हैं लेकिन जैसे-जैसे इसकी तीव्रता घटती जाती है । तनातनी का आलम शुरू हो जाता है । संघर्ष के कारण कोई खास नहीं होते । महज छोटी-छोटी बातें जो कि कभी-कभी काफी बचकाना-सी होती हैं, बस उन्हीं को लेकर तू-तू मैं-मैं हो जाती है और झगड़ा बढ़ते-बढ़ते उग्र रूप धारण कर लेता है ।

विवाह से पूर्व सिद्धार्थ और मल्लिका एक-दूसरे को बेहद प्यार करते थे, एक को मिले वगैर दूसरे को चैन नहीं आता था, किन्तु विवाह के दो वर्ष बाद ही मल्लिका सिद्धार्थ को छोड़कर माता-पिता के घर चली आई ।

सिद्धार्थ का बेहद शकी मिजाज मल्लिका से सहा नहीं गया । एक दिन तो हद ही हो गयी, जब सिद्धार्थ के दफ्तर से आने के समय ही उसका एक दोस्त किसी आवश्यक कार्य से उससे मिलने आया और मल्लिका ने सोचा कि सिद्धार्थ आने वाले हैं, उसे ड्राइंगरूप मैं बिठा लिया । दोस्त के जाते ही आपे से बाहर हुए सिद्धार्थ ने मल्लिका को गुस्से से लाल-पीले होते हुए कहा-'ये सब फ्लर्टिन्डा यहां नहीं चलेगा समझीं । मेरे साथ रहना है तो घर की मान-मर्यादा का ख्याल रखना पड़ेगा ।'

मल्लिका के सफाई देने तथा जिरह करने पर सिद्धार्थ ने गुस्से में आकर उस पर हाथ उठा दिया ।

पति की इसी ज्यादती तथा संकीर्ण मनोवृत्ति के कारण मल्लिका को घर छोड़ना पड़ा ।

आज के युग में जबकि स्त्री घर से बाहर निकलकर नौकरी करने लगी है । स्वाभाविक है कि वह दूसरे पुरुषों के कांटेक्ट में आयेगी ही । उनसे उसे हंसना-बोलना भी पड़ेगा ही । आखिर साथ काम करते हुए वह हर एक के साथ मुझे मत छूना वाला रुख तो इख्तियार नहीं कर सकती ।

आवश्यकता है कि पति अपनी सोच का दायरा विस्तृत करे । खुला दिल और खुला दिमाग रखे । किसी पुरुष से हंसने बोलने से औरत बदचलन नहीं हो जाती । व्यक्तित्व के विकास तथा अहम् की संतुष्टि और मूड को अच्छा बनाये रखने में पुरुष की प्रशंसा स्त्री के लिए चमत्कारिक सिद्ध होती है । यह एक निर्विवाद सत्य है कि एक पुरुष जितने खुले दिल से दूसरे औरत के रूप गुणों की प्रशंसा करता है, वैसा कोई औरत नहीं कर सकती । पति-पत्नी को इस खुशी और चमत्कारिक औषधि से क्यों महरूम रखना चाहता है ? कोई भी स्त्री अगर पुरुष की प्रशंसा करे, उस पर प्रशंसापूर्ण दृष्टि डाले तो वह पुलकित हो उठेगा । खुशी से उसकी बांछे खिल उठेंगी । प्रसन्नता से चेहरा दमक उठेगा, फिर ये दोहरे मापदण्ड क्यों ?

इस अर्थ प्रधान युग में जबकि हर शख्स भौतिकवादी बन गया है, इस मामले में आर्थिक पहलू भी अहम भूमिका निभा रहा है । विवाह के समय अक्सर वर-वधू अपनी आर्थिक हैसियत बढ़-चढ़ कर बताते हैं । पति समझता है कि मोटी तनख्वाह ज्यादा बताने से वह पत्नी को प्रभावित कर सकेगा । अक्सर होता भी यही है, लड़कियां उपन्यास और फिल्मों में जैसी ऐशपूर्ण जिन्दगी देखती हैं ठीक उसी तरह के सपने अपने लिये भी देखती हैं । परिणामस्वरूप झूठ की बुनियाद पर टिकी दाम्पत्य की इमारत सच की पुख्ता नींव न होने के कारण हिल उठती है ।

आज के बढ़ते हुए खर्च और आसमान को छूती मंहगाई भी दाम्पत्य में दरार पैदा कर रहे हैं । आज हर स्त्री जीवनसंध्या में भी स्मार्ट और आकर्षक दिखाना चाहती है । इसके लिए वह ब्यूटी केयर, ब्यूटी पार्लर,

दामी कपड़े, बढ़िया परफ्यूम, हैल्थ क्लब की सहायता लेती है, साथ ही बढ़िया पौष्टिक आहार भी लेती है । इन सबके लिए ढ़ेर-सा रुपया चाहिए । पत्नी की मांगे पति घर में शांति बनाये रखने के लिए पूरी करता है, किन्तु इस कोशिश में वह आर्थिक रूप से खोखला हो जाता है । पत्नी वस्तुविधि से अनजान रहती है । इससे घर में बेहद तनाव की स्थिति उत्पन्न हो जाती है । इसीलिए आज शत-प्रतिशत दाम्पत्य सम्बंध टूटने के कारण आर्थिक मामले ही हैं ।

अच्छा हो अगर पति दिखावे, दुराव-छुपाव को छोड़ पत्नी को सच्चाई से अवगत करा दे । वरना इस राह का अंजाम तो गहरी खाई ही है ।

भूल किसी से भी हो, एक दूसरे पर अविश्वास से पहले यह ही अच्छा है कि अपनी गलती का अहसास होने पर पति-पत्नी एक दूसरे से क्षमायाचना कर लें । अगर कोई मजबूरी हो, कोई समस्या हो, तो उसे आपस में बैठकर सुलझा लिया जाये । पूर्ण ईमानदारी से खुलकर बात की जाये । इन मामलों में चुप्पी गलतफहमी को जन्म दे सकती है । इसलिए चुप नहीं रहना चाहिए । पत्नी अगर भूल सुधारना चाहती है, तो इसका उसे पूरा मौका दिया जाए । व्यंग्यबाण तानों से पति महोदय को क्षणिक सुख मिल जाये, लेकिन भविष्य में इसके जो दुष्परिणाम होंगे, वे उन्हीं को भुगतने पड़ेंगे । समझदारी इसी में है कि संयम का परिचय देते हुए पत्नी को अपने कोमल व्यवहार से, अपने प्यार का विश्वास दिलाकर उसका विश्वास सदा के लिए जीत लिया जाये ।

●●

3

दाम्पत्य में एक दूजे को समझना जरूरी है।

नीता और विकास की जब शादी हुई, लोग उनकी जोड़ी देखकर प्रशंसा से भर उठते । इसे कहते हैं मेड फॉर ईछ अदर । हाइट, हैल्थ, ब्यूटी, सभी में तो दोनों टक्कर के थे ।

लेकिन विवाह को हुए अभी पंद्रह दिन भी नहीं हुए कि उनमें अलगाव की बातें होने लगीं । विचारों में दोनों बिल्कुल भिन्न थे । विकास जहां पारम्परिक विचारधारा का था, नीता को सब कुछ पाश्चात्य ढंग का पसंद था । दोनों जरा भी बदलने को तैयार न थे । आखिर उनका तलाक हो गया ।

नवनीता के साथ उल्टा ही हुआ यानी कि वह स्वयं पारम्परिक तौर तरीके से रहना पसंद करती थी, किन्तु पतिदेव पाश्चात्य सभ्यता के कायल थे । लेकिन चूंकि वे एक दूसरे से प्यार करते थे, दोनों ने ही अपने को जीवनसाथी के अनुरूप ढालकर बीच का रास्ता अपना लिया और अब वे एक आदर्श जोड़ी के नाम से जाने जाते हैं । एक-दूसरे से पूर्ण संतुष्ट और सुखी हैं वे ।

दो व्यक्ति कभी बिल्कुल एक-सी विचारधारा के नहीं हो सकते, न ही उनकी पसंद, हॉबीज बिल्कुल एक जैसी हो सकती हैं । फिर स्त्री और पुरुष के शौक कुछ तो भिन्नता लिए होंगे ही । दम्पति को चाहिए कि वे एक-दूसरे की खुशी को ध्यान में रखते हुए, एक-दूसरे के शौक, जज़बात की कद्र करें । अपने शौक और जज़बात दूसरे पर न थोपें । तभी वे अपनी गृहस्थी सुचारु ढंग से चला पाएंगे ।

दाम्पत्य की सफलता के लिए पति-पत्नी दोनों को ही एक-दूसरे को समझना चाहिए । यह समझ दो चार दिन में प्राप्त नहीं होती । इसमें कुछ

समय लगता है । साथ रहते-रहते हुए वे एक-दूसरे के बारे में बहुत कुछ जानते हुए भी कई बार मानसिक रूप में जुड़ नहीं पाते व दूरी बनी रहती है । ऐसी स्थिति से बचने के लिए नियमित एवं स्पष्ट संवाद होना जरूरी है । जहां पति-पत्नी में संवादहीनता की स्थिति बनी रहती है, वे जीवन भर एक-दूसरे को समर्पित होते हुए भी समझ नहीं पाते हैं । यह नहीं कि उनमें प्यार नहीं होता या वे एक दूसरे के वेलविशर, भला चाहने वाले नहीं होते । किन्तु अपनी नासमझी के कारण वे जीवन का असली सुख नहीं भोग पाते और उन्हें इस बात का अहसास तब होता है, जब उनमें से एक अकेला रह जाता है ।

पति-पत्नी एक-दूसरे के बात कहने के तरीके को समझ लें, तो उनमें झगड़ा होने के मौके कम ही आएंगे । पति-पत्नी में जोरदार वाक्‌युद्ध चल रहा था । पत्नी ने दुखी स्वर में कहा 'क्या हमेशा मुझे कुत्ते की तरह झाड़ते रहते हो ।' बस पति महाशय आगबबूला होकर आपा खो बैठे । बाद में ही बेचारी पत्नी उन्हें समझा पाई कि उनका मंतव्य उन्हें कुत्ता कहना कदापि न था जैसा कि वो समझ बैठे थे, बल्कि यह था कि जैसे कुत्ते को कोई दुत्कारता है, वैसे तुम मुझे दुत्कारते हो ।

पुरुष मनोविज्ञान, स्त्री मनोविज्ञान पर कई पुस्तकें लिखी गई हैं, जिन्हें लाखों लोगों ने पढ़ा भी होगा । उसके बावजूद वे अपने दाम्पत्य में उलझाव पैदा करते रहते हैं, जबकि कई गंवई गांव में दम्पत्तियों में परफैक्ट अंडरस्टैडिंग देखने को मिलेगी । इससे यह तो सिद्ध हो ही जाता है कि यह समझ केवल किताबें पढ़ने से ही नहीं आतीं । इसके लिए बेसिक चीज जो है, वो है निश्छल सच्चे प्यार का जज्बा । जिसके लिये दिल में प्यार है, उसे व्यक्ति कभी गलत नहीं समझता ।

पति-पत्नी भी तो आखिर इंसान ही हैं । मानवीय कमजोरी उनमें होना लाजमी है । क्रोध, ईर्ष्या, शको-शुबहा, स्वार्थ-लालच थोड़ा-बहुत हर स्त्री-पुरुष में होता ही है । ये नकारात्मक प्रवृतियां है, जिन्हें पूरी तरह तो साधु-संत ही जीत पाते हैं, यह बात मानकर चलें और पति-पत्नी एक-दूसरे को वो जैसे भी हैं स्वीकार कर चलें, तभी दाम्पत्य सफल हो सकता है । अधिकतर झगड़ों का कारण अनावश्यक लैक्चरबाजी और अपनी ओर से आंखें मूंद दूसरे को सुधारने की पुरजोर कोशिश होती है ।

उससे जीवन साथी विद्रोह पर आकर ठीक विपरीत व्यवहार करने लगता है ।

आर्जव को सन्निधि साड़ी में ही ग्रेसफुल लगती थी, किन्तु सन्निधि का कहना था कि साड़ी पहनकर गृहकार्य करने में असुविधा होती है । आर्जव बगैर पत्नी की बात पर ध्यान दिये उसे सलवार सूट या गाउन पहनने पर रोज डांटता फटकारता और उसे उसी समय साड़ी पहनने का हुक्म देता । आखिर गुस्से में आकर सन्निधि ने साड़ी पहनना ही छोड़ दिया । अगर आर्जव ने पत्नी की बात पर जरा भी गौर किया होता, तो समझा जाता कि पत्नी ठीक ही कहती है । साड़ी पहनकर वास्तव में वह फ्री होकर फटाफट काम नहीं निपटा पाती है और सन्निधि भी पति की बात समझ पाती कि वह उसे सुंदर देखना चाहता है, इसीलिए साड़ी पहनने की जिद करता है, तो वह काम से फ्री होते ही साड़ी पहनकर पति को रिझाती ।

दाम्पत्य में ऐसी छोटी-छोटी न जाने कितनी बातें हर घर में होती हैं, जहां जरा सा एक-दूसरे को समझ लेने पर कटुताओं और कड़वाहटों से बचा जा सकता है ।

अक्सर झगड़े की वजह आपस में होने वाली गलतफहमी होती है और होता है इगो । जीवन में निस्संदेह इगो का भी महत्त्व है लेकिन यह पति-पत्नी के बीच नहीं होना चाहिए । कोई भी पति-पत्नी हों उन्हें यह बात कभी नहीं भूलनी चाहिए कि एक खुशहाल दाम्पत्य वह नेमत है कि जिसके होने से वे हर कठिनाई, परेशानी को आसानी से पार कर सकते हैं ।

●●

4

अंधभक्ति में सूखता दाम्पत्य रस

रागिनीजी के तीनों बच्चे शोभा, अनिकेत, अरिजंय सैटल हो चुके हैं। शोभा पति के साथ केनेडा चली गई थी। अनिकेत बैंगलोर की किसी सॉफ्टवेयर कम्पनी में कम्प्यूटर इंजीनियर था। अरिजंय डॉक्टरी पढ़कर दिल्ली के ऑल इंडिया इंस्टीट्युट ऑफ मेडिकल साइसेंस (एम्स) में कार्यरत था।

रागिनीजी के इंजीनियर पति ओ.एन.जी.सी. के उच्च पद से रिटायर हो चुके थे। रागिनीजी के पति संभवनाथ में और उनमें महज एक साल का अंतर था, मगर जहां संभवनाथ एकदम चुस्त, दुरुस्त जवान दिखते थे, रागिनी की बॉडी लैग्वेज सत्तर अस्सी की बुजुर्ग जैसी थी। उनकी बातें भी बेहद नीरस, उबाऊ और सोच बेहद संकुचित छोटे दायरे में कैद थी। धार्मिक अंधविश्वासों से घिरी वे पति से दूर होती जा रही थीं। संभवनाथ पहले दर्जे के नास्तिक थे, हालांकि वे इतने उदार थे कि उन्होंने कभी पत्नी को मन का करने से रोका नहीं, लेकिन हर बात क। सीमा होती है उनके रंग-ढंग देखकर संभवनाथ का धैर्य चुकने लगा था। वे एक नॉर्मल व्यक्ति थे और नॉर्मल व्यक्ति के लिए सैक्स की इच्छा करना एक प्राकृतिक बात है, लेकिन रागिनीजी पर तो साधु-संतों के प्रवचन का ऐसा असर पड़ा कि वे इसे पाप समझने लगीं। नतीजा यह हुआ कि संभवनाथ जैसा परिवार को समर्पित रहने वाला पुरुष दूसरी औरत के सान्निध्य में अपनी खुशी तलाशने लगा। जिन साधु महाराज को रागिनीजी भगवान मान बैठी थीं, उन्हें बलात्कार के केस में सजा हो गई। रागिनीजी की आस्थाएं बिखर चुकी थीं, उधर पति को भी उन्होंने अपनी नादानी से विमुख कर दिया। अब तो वह न घर की रहीं न घाट की।

जीवन संध्या की बेला देखा जाय तो एक खूबसूरत काल होता है। इसकी अपनी गरिमा और सौंदर्य है। यही वह समय है जब गृहस्थ जीवन की काफी जिम्मेदारियां पूर्ण हो चुकी होती हैं। जीवन में ठहराव और शांति होती है। पति-पत्नी का प्यार परिपक्व होकर उन्हें और भी करीब ले आता है। एक-दूसरे को अच्छी तरह समझते हुए वे दूध में पानी की तरह, फूल में खुशबू की तरह घुलमिल जाते हैं। यह आपसी प्यार ही तो है जो उनकी सबसे बड़ी ताकत होती है। यही प्यार न रहे तो जीवन बोझ बन जायेगा। उम्र से पहले संसार से विरक्त होने पर बुढ़ापा त्रासदी बन जायेगा।

प्यार हो तो इजहार में शर्म कैसी ? इस उम्र का प्यार वासना रहित सच्चा प्यार होता है। सैक्स प्यार को सींचता है। तन-मन को स्फूर्ति देता है। इस उम्र में सैक्स की अनिच्छा तन के कारण नहीं बल्कि मन के कारण हो सकती है। औरतें इस गलतफहमी को मन से निकाल दें कि बड़ी उम्र में सैक्सुएल लाइफ पर पूर्ण विराम लगा देना हितकारी है। डाक्टर्स, साइकोलॉजिस्ट बार-बार यह बात दोहराते हैं कि सैक्स हर उम्र में जब तक संभव है, पति-पत्नी के तन-मन दोनों के लिए अच्छा है। चाहे ब्लड प्रैशर हो या हार्ट प्रॉब्लम, सैक्स दवा का काम करता है। यह दोनों पार्टनर्स को खुशी देता है, रिलैक्स करता है। पूजा-पाठ एक सीमा तक ही ठीक है। मन की शांति के लिए पूजा-पाठ करने में कोई हर्ज नहीं। हर्ज तब होता है, जब आप इसको आडम्बर बना लेते हैं। अपनी भक्ताई का ढिढ़ोरा पीटकर उन लोगों को नीची निगाह से देखते हैं, जो पूजा-पाठ नहीं करते। पूजा-पाठ भी एक तरह की लत (एडिक्शन) बन जाता है। कामचोर, हट्टे कट्टे भगवा वस्त्र पहने ढोंगियों को तरह-तरह के देशी घी में बनाए पकवान और तर माल खिलाकर उनके चरणों में लोट लगाना, उन्हें ढेर सारी दान-दक्षिणा देना, यहां तक कि उनके मैले अंतरंग वस्त्र धोकर सोचना कि परलोक सुधर रहा है, यह सब दिमागी दिवालियापन की निशानी है, जिसमें पुरुष वर्ग कम ही भाग लेते हैं।

कई महिलाओं को धर्म के नाम पर हर तीसरे चौथे दिन व्रत-उपवास करने की सनक होती है, चाहे उससे उनकी सेहत चौपट होने लगे। इस उम्र में औरतें तरह-तरह की बीमारियों की रेग्युलर दवा लेती हैं, जिन्हें

खाली पेट नहीं लिया जाना चाहिए । सेहत के प्रति लापरवाही बरतने के कारण भी उन्हें शारीरिक सम्बंधों से वितृष्णा होने लगती है । परलोक सुधारने के फेर में अपना इहलोक बिगाड़ना क्या ठीक है ? ये नारियां एक तरफ पति को परमेश्वर कहेंगी, दूसरी तरफ नादानी में उसे सैक्स के लिए तड़पाएंगी । पूजा-पाठ के चक्कर में उसकी पूरी तरह उपेक्षा करने लगेंगी !

डॉक्टर्स, सैक्सालॉजिस्ट्स के मतानुसार एक स्वस्थ व्यक्ति में सैक्स के प्रति रुझान में उम्र आड़े नहीं आती, चाहे वह स्त्री हो या पुरुष ।

असल में पहले जब लोग परिवार नियोजन नहीं अपनाते थे, बच्चों के बड़े हो जाने, उनके विवाह तथा बच्चे हो जाने के बाद किसी औरत का गर्भवती हो जाना शर्मनाक माना जाता था । इसी कारण पति-पत्नी ब्रह्मचर्य से रहने पर मजबूर हो जाते थे । पोते-पोती खिलाते बहू-बेटों पर हुक्म चलाते उनका वक्त आराम से गुजर जाता था । लेकिन अब स्थिति अलग है । अब न पोते-पोती पास हैं और न बहू-बेटे । और हों भी तो वे अपने ढंग से जीना चाहते हैं, बुजुर्गों की उपेक्षा कर । ऐसे में पति-पत्नी ही एक-दूसरे का सहारा होते हैं, अंतरंग रह जाते हैं ।

औरत में रजोनिवृत्ति के बाद गर्भधारण की शक्ति क्षीण हो जाती है लेकिन ऐसी कोई गारंटी भी नहीं कि वे गर्भ धारण नहीं करेंगी । पति-पत्नी परिवार-नियोजन अपना सकते हैं या अक्सर पति-पत्नी दोनों में से एक नसबंदी करवा चुका होता है । औरतों के लिये तो गर्भाशय निकलवा देना ठीक माना जाता है ताकि कैंसर आदि का खतरा न रहे । इस विषय में डॉक्टर की सलाह पर चलना श्रेयस्कर होगा ।

पति को भी पत्नी के प्रति संवेदनशील रहना जरूरी है, क्योंकि कोई भी रिश्ता इकतरफा नहीं होता । कई बार वह अपनी असंवेदनशीलता और खुदगर्जी के कारण पत्नी को दूसरे रास्तों पर ढकेल देता है । ऐसे में पत्नी पूजा-पाठ में ही शांति खोजे, तो वह कुसूरवार नहीं । समझदारी दोनों तरफ से अपेक्षित है ।

●●

5

हर उम्र में जरूरत होती है हमसफर की

पत्नी के निधन के बाद मनीष बेहद एकाकी और गुमसुम रहने लगा। दोनों बेटे डॉक्टर, इंजीनियर बनकर विदेश में जा बसे। मनीष चूंकि काफी अमीर था, अब रिश्तेदार उसकी दौलत पर ललचाए, उसकी चापलूसी करते, किसी न किसी बहाने उससे सम्बंध बढ़ाने लगे। मनीष ने भी दुनिया देखी थी। वह सब समझता और परिणामस्वरूप और भी एकाकी महसूस करने लगता।

एक दिन क्लब में उसका परिचय मिसेज मल्होत्रा की विधवा बहन से हुआ। उसे वह अत्यंत शालीन और भली-सी लगी। बस परिचय बढ़ा और दोनों एक-दूसरे की पसंद से परिणय-सूत्र में बंध गये। आश्चर्य इस बात का था कि विदेश में बसे दोनों बेटे अपनी-अपनी पत्नियों के भड़काने पर उनसे इस बात के लिए बेहद खफा हो गए। छोटे ने लिखा डैड इस उम्र में आपको यह क्या सूझी। यहां हमारे इंडियन फ्रेंडस को जब से पता चला है, वे इतना मजाक बना रहे हैं इस बात का कि हमें शर्मिंदगी उठानी पड़ रही है। जब पढ़े-लिखे, विदेश में बसे बेटों की पिता की शादी को लेकर ये मानसिकता है, तो आम आदमी की सोच का जिक्र ही क्या। समाज में आज भी बड़ी उम्र में व्यक्ति के विवाह को बुरा माना जाता है "चढ़ी जवानी बुद्ढे नूं" जैसे व्यंग्यात्मक तीर चलाकर उसकी भर्त्सना की जाती है, हंसी उड़ाई जाती है। यहां तक कि स्वयं परिवार वाले भी उसका साथ देने के बजाय उसके विवाह का घोर विरोध करते हैं।

रतन की पत्नी ने जब पहली संतान बीस वर्ष की हो गई थी, दूसरे बच्चे को जन्म दिया। जाहिर है बड़ी उम्र का प्रसव नॉर्मल होना मुश्किल

था । वे प्रसव के दौरान चल बसीं । बच्ची को पालने की समस्या थी, सो रतन ने अपनी हम उम्र एक परित्यक्ता से सादगी से विवाह कर लिया । दूसरी पत्नी ने न केवल बच्ची को मां जैसा प्यार दिया, बल्कि रतन जो कि पत्नी वियोग में विक्षिप्त-सा हो गया था, को भी मॉरल सपोर्ट देकर संभाल लिया ।

यहां यह प्रश्न उठ सकता है मानो सौतेली मां, जैसी कि उसकी इमेज बन गई है बच्चों के साथ दुर्व्यवहार करे तब ? शादी-ब्याह चाहे पहला हो या दूसरा, तीसरा, हमेशा एक जुआ ही माना जायेगा ।

जूही, गुलाब दो बेटियों के पिता ने उनकी मां के गुजरने पर इसी डर से दूसरा विवाह नहीं किया कि कहीं सौतेली मां आकर लड़कियों को तंग न करे, लेकिन जब दोनों अपने-अपने ससुराल चली गईं, तो उनके पिता चमनलाल बेहद अकेले और उदास रहने लगे । लड़कियों के चले जाने पर सूना घर उन्हें काटने को दौड़ता । घर-गृहस्थी के कार्यों की उन्हें आदत न थी । कभी दूध उफन जाता, कभी खाना बनाने में हाथ जला लेते, कच्चा-पक्का खाना खाकर उनकी सेहत गिरने लगी । अवसाद में घिरे उन्हें खाने से अरुचि हो गई । खायें न खायें कोई अपना यह पूछने वाला न था कि खाना क्यों नहीं खाया ।

ऐसे में एक दिन न्यूज-पेपर पढ़ते हुए वैवाहिक कॉलम पर उनकी नजर पड़ी, तो देखा ऐसे न जाने कितने लोग हैं, जो उनकी उम्र के ही नहीं, बल्कि अवकाश प्राप्त होने पर भी विवाह के लिए इच्छुक थे । उनकी झिझक समाप्त हो गई और उन्होंने कुछ विज्ञापन देने वालों से संपर्क किया । एक मैच उन्हें अपने मन के मुताबिक मिल गया । उन्होंने बगैर बेटियों को बताए कोर्ट मैरिज कर ली । बेटियों की कड़वाहट भरी चिट्ठियां आईं । वे जानते थे उनके बेटी-दामाद अपने लिये कितने भी मॉर्डन हों, उनके लिये पुराने ख्यालों के ही थे, क्योंकि इस बात की उन्हें हिंट मिली हुई थी । वे इसका कारण बखूबी जानते थे । आखिर तजुर्बेकार थे । उनकी कमाई ढेर-सी सम्पत्ति और मकान-जायदाद पर दोनों बेटी दामादों की आंखें टिकी हुई थीं । वे भला उनके विवाह की अनुमति क्यों कर देते । हां घर-दामाद बनने या अपने बच्चे इन्हें परवरिश के लिये देने में उन्हें उज्र न था । उन दोनों के लालची स्वभाव से चमनलाल अच्छी

तरह परिचित थे। उनके आने पर वे हमेशा असुरक्षित महसूस करते थे। बगैर पूछे घर का कीमती सामान उठा ले जाना, बच्चों से कहकर ढेर-सी चीजों की फरमाईश करना और घुमा-फिराकर उधार दे दें, कहकर उनसे नकद मांगना। उन दोनों दामादों में स्वाभिमान जरा भी न था, बल्कि वे एक-दूसरे से होड़ लगाये रहते कि कौन ससुर से ज्यादा माल हड़पता है। ऐसे में उनकी पत्नी उनके लिए सुरक्षा कवच साबित हुई। वह एक समझदार स्त्री थी। लड़की-दामाद को बाकायदा तीज-त्यौहार पर देती रहती, लेकिन उनके रहते दोनों दामादों की फिर लूट-खसोट की हिम्मत न पड़ी। बड़ी उम्र के व्यक्ति के विवाह के लिये स्वयं घर वालों को अपना स्वार्थ भूलकर प्रोत्साहित करना चाहिए। अगर उन्हें वास्तव में उनसे स्नेह है फिर वो चाहे बहू-बेटा हो या बेटी-दामाद या कोई और नजदीकी रिश्तेदार। विधुर हो या विधवा उनके एकाकीपन की त्रासदी का अहसास घरवालों को होना चाहिए। साथी की जरूरत हर उम्र के व्यक्ति को होती है। कोई ऐसा हो जिससे दिल की गहराइयों में छुपी बातें की जा सके, यह कौन नहीं चाहता। हमसफर के बगैर यौवन तो फिर भी काम की आपाधापी और अन्य व्यस्तताओं में कट जाता है, पर ढलती उम्र में जीवनसाथी का अभाव बहुत दुःख देता है। यह एक मनोवैज्ञानिक तथ्य है कि बड़ी उम्र में हमसफर की जरूरत ज्यादा महसूस होती है।

●●

6

जब घटने लगे दाम्पत्य में उष्मा

अनुभूति और तथागत के विवाह को अभी 7 वर्ष भी पूरे नहीं हुए थे, पर 'सेवन इयर्स इच' की स्थिति उन्हें बुरी तरह सालने लगी है । जीवन को नीरसता ने आ घेरा । वही रुटीन, वही भागदौड़ वाली जिन्दगी । कार्यभार अधिक होने के कारण अनुभूति अपनी दोनों बेटियों सीता और मीता को भी समय नहीं दे पाती । उनकी परवरिश उसे मात्र बोझ प्रतीत होती है । अनुभति स्कूल में टीचर है । वह क्लास के बच्चों पर खीझ ही निकालती है । पढ़ाने में उसे कोई दिलचस्पी नहीं । पैसों के लिए जॉब करना उसकी मजबूरी है ।

मनोचिकित्सक डॉ. रश्मि बजाज कहती हैं, 'वैवाहिक जीवन में यह नितांत आवश्यक बात है कि नयापन बरकरार रखा जाए । रुटीन तोड़कर एक-दूसरे के लिए समय निकालें, कुछ देर के लिए जीवन की जद्दोजहद पूरी तरह भुलाकर एक-दूसरे के प्यार में आकंठ डूब जाएं । पुराने रोमांस को फिर जगाएं ।'

दरअसल बाह्य जगत की छोटी-छोटी बातों को पति-पत्नी कई बार अनावश्यक अहमियत देकर अपना तथा अपने साथी का सुख-चैन बर्बाद करते हैं । उसमें जरूरत से ज्यादा 'इन्वॉल्व' होने की जरूरत नहीं । जीवन कभी रुकता नहीं । वह अपनी गति से आगे बढ़ेगा । इसके साथ ही आपके काम भी रुकेंगे नहीं । अत: उन्हें बोरियत का सामान न बनने दें । उन्हीं में खुशियां छिपी हैं, आप यही मानकर चलें । नजरिया बदलते ही आप 'रिलेक्स' फील करेंगे ।

प्यार को 'गूंगे का गुड़' न बनाएं । इस मधुर अहसास का समय-समय पर इज़हार जरूर करें । 'आई लव यू' कहने में संस्कारों के कारण

झिझकते हों तो कोई बात नहीं, अपना एक्सप्रेशन स्वयं ईजाद करें। जब आंखें बोलती थीं, वह जमाना तो अब रहा नहीं, इसलिए प्यार के मीठे शब्द तो आपको बोलने ही होंगे। पति की 'ईगो' कभी-कभी संतुष्ट करती रहें। इसी तरह पति को भी पत्नी के सौंदर्य की तारीफ में कमी नहीं लानी चाहिए। उसके गहने-कपड़ों की तरफ ध्यान दें और रूप-सज्जा की भरपूर प्रशंसा करें। आप उन्हें किस रूप में ज्यादा पसंद करते हैं, कौन-सा कलर, कौन-सी ड्रेस, साड़ी उस पर ज्यादा अच्छी लगती है, पत्नी को अवश्य बताते रहें।

उपहार भला किसे अच्छे नहीं लगते ? खासकर अपने प्रिय की दी हुई वस्तु का मोल तो अनमोल है। जरूरी नहीं कि उपहार दामी ही हों। चीज काम में आने वाली हो पसंद की हो, यह उपहार देते वक्त जरूर ध्यान रखें। याद रखें कि उपहार के लिए किसी मौके की तलाश में ही वक्त न गुजार दें। प्रिय के लिए कोई भी वक्त मौका बन जाएगा।

हर व्यक्ति का अपना व्यक्तित्व होता है। अपने व्यक्तित्व को दूसरों पर न लादें, चाहे वह पति-पत्नी ही क्यों न हों। अक्सर झगड़े का कारण अपने को दूसरे पर थोपना ही होता है। दूसरे की पसंद अलग है, तो उसका मजाक न बनाएं।

ऐसा अपने को 'सुपीरियर' समझने की भूल के कारण होता है। कोई भी व्यक्ति संसार में सम्पूर्ण नहीं हो सकता। कमियां सबमें होती हैं। आपके साथी में भी हैं तो कोई असामान्य बात नहीं है। जो बातें आप शुरुआती दौर में नजरअंदाज कर जाते हैं, वे बाद में क्यों नहीं कर पाते ? इसका जवाब स्वयं ढूंढिए। हर समय साथ रहते हुए भी पति-पत्नी भीतर से कई बार नितांत एकाकी होकर रह जाते हैं, अपने-अपने द्वीप में कैद। डरे-सहमे, असुरक्षित, डिप्रेस्ड और बहुत उदास व बनावग्रस्त, अपना सलीब अकेले ढोते हुए। पति-पत्नी दो जिस्म एक जान बनकर रहें तो जीवन आनंदमय हो सकता है। लाइफ स्टाइल कैसी भी हो, हाई-फाई या मध्यमवर्गीय, सरल, सीधी-सादी क्वालिटी ऑफ लाइफ बढ़िया होनी चाहिए और यह तभी संभव है जब आपसी तालमेल बढ़िया हो। अपनी आकांक्षाओं को दिल के कोने में छिपाकर न रखें। उन्हें अपने साथी से शेयर करें। उन्हें समझें। समझते रहने की लगातार कोशिश करें।

आपकी समझ जितनी परिपक्व होगी, उन्हें समझना उतना ही आसान होगा। कावेरी ने सपने में पति की मौत देखी। भारी मन से उठते ही वह सिसकियां भरकर रोने लगी। मुंह से बोल ही नहीं फूटा। पति ने सांत्वना देते हुए जब कारण पूछा तो कावेरी उनसे चिपट गई। थोड़ी देर बाद कारण जानने पर पति ने ऊपर से तो उसका मजाक बनाया लेकिन भीतर कहीं गहरे संतुष्टि से भर उठे।

'अरे जानम ! तुम्हें अकेले ही मौज-मस्ती करने के लिए थोड़े ही छोड़ जाऊंगा। ऊपर भी हम दोनों साथ ही चलेंगे।' पति की चुहलबाजी से कावेरी पलभर बाद ही सामान्य हो गई। कामकाजी पति-पत्नी व्यस्त रहने के कारण एक-दूसरे को बहुत वक्त नहीं दे पाते और इस कारण कई बार आपसी सम्बंधों में दरार आने लगती है, लेकिन इससे पहले कि यह दरार आपके आशियाने को चूर-चूर कर दे, अपने दाम्पत्य में जोश, आनंद और प्यार का पक्का मसाला भरकर उसे पुख्ता बना लें।

●●

7

कितनी उचित है ससुराल-पक्ष वालों की दखलंदाजी

सास चाहे लड़के की हो या लड़की की, उनका संतान की विवाहित ज़िन्दगी में दखल प्रसिद्ध है । हमारे यहां चूंकि पारिवारिक रिश्ते इतने मजबूत, गुंथे हुए और करीब हुआ करते थे कि सबका सबकी ज़िन्दगी में दखल था । इसे बुरा भी नहीं माना जाता था, बल्कि जो अभिभावक निर्लिप्त रहने की नीति अपनाते, उन पर समाज ताने कसता था कि ये कैसे माता-पिता हैं, जिन्हें अपने बच्चों के सुख-दुख से कोई मतलब ही नहीं । वे स्वार्थी मानकर अपराधी की तरह देखे जाते थे ।

अब समय काफी बदलाव ले आया है । पढ़ी-लिखी परिपक्व बहुयें काफी जानकारियां रखती हैं । उन्हें ससुराल में जाते ही अपनी पहचान बनाने की फिक्र रहती है । सास यहां जमी हुई खिलाड़ी हैं । वैम्प का स्वभाव रखने वाली बहुएं जी-जान से उसे उखाड़ने में लग जाती हैं और उसे पूरा सहयोग देते हैं उसके घरवाले ।

दामाद आर्थिक रूप से कमजोर हुआ और ससुराल वाले मालदार तो यहां ससुर पूरे जोर-शोर से उसकी ज़िन्दगी संवारने का बीड़ा अपने हाथ में ले लेते हैं । चाहे इससे दामाद के आत्मसम्मान को चोट ही क्यों नहीं पहुंचती हो । पत्नी पिता का पक्ष लेने लगे, तो पति-पत्नी की लड़ाई कोर्ट तक पहुंचने में देर नहीं लगती ।

अलग रहने के बावजूद कृतिका की सास हर दूसरे-तीसरे दिन मंदिर से आते हुए बेटे-बहू के यहां आ जाती । फिर सब्जी क्या बनेगी, घी में या तेल में बनेगी से लेकर ये क्या फिरंगियों जैसी लंबी फ्रॉक पहन रखी है । हर छोटी-छोटी बात में वे अपनी ही चलातीं । पति दीपेन का बैचलर दोस्त आया, तो सास की जासूसी बढ़ गई । दीपेन ऑफिस चला जाता है,

तो जवान आदमी के साथ बहू अकेली रहेगी, लोग क्या कहेंगे कहकर वे कृतिका से सब्र का इम्तिहान लेने लगती । बहू हो या बेटी दोनों ही केस में घरवालों को उनकी वैवाहिक जिन्दगी की आजादी का मान रखना चाहिए । विवाह के पश्चात हर लड़की की नई जिन्दगी शुरू होती है । अरेंज्ड मैरिज में पति-पत्नी एक-दूसरे के स्वभाव से भी बिल्कुल अनजान होते हैं । वे एक-दूसरे को समझकर करीब आना चाहते हैं । यह काम इतना आसान नहीं होता, क्योंकि दोनों परिपक्व हैं, उनके विचार दृढ़ हो चुके हैं ।

ऐसे में ससुरालवालों का जरा-सा भी गैर जिम्मेदारना रवैया उनके बीच दरार डाल सकता है । झगड़े पैदा कर सकता है । ऐसा नहीं है कि ससुराल वाले ऐसा जान-बूझकर करते हैं । शायद सौ में एक ही कोई ऐसी वैम्प या विलेन होगा जो जानबूझकर पति-पत्नी में दरार डाल कर मजा लूटेगा, वर्ना सब कुछ गलतफहमी के कारण होता है । ससुराल के लोग भला करने जाते हैं और बेचारे बुरे बन जाते हैं । वर्ना किसी को क्या पड़ी है, जो अपना समय और दिमाग ऐसे लोगों के पीछे गंवाए, जिन्हें बुजुर्गों की इज्जत का जरा भी ख्याल नहीं और जो केवल अपनी मौज-मस्ती, ऐशपरस्ती और स्वार्थ में ही डूबे रहते हों ।

यह कह पाना कि कब अपनापन दखलंदाजी बन जाता है बहुत मुश्किल है । यह सब टैंपरामेंट पर काफी निर्भर है । आशा जी के दो पुत्र हैं । दोनों के स्वभाव में बहुत अंतर है । बड़ा गंभीर है, बात को भीतर दबाकर ग्रंथि पालने वाला है तो छोटा मुखर मजाकिया, हंसमुख और केयरिंग है । उसका व्यवहार सबके साथ इतना सहज सरल होता है कि उसे समझने और समझाने में कोई प्रॉब्लम नहीं होती । किस्मत से दोनों को पत्नियां भी बिल्कुल अपने जैसे स्वभाव वाली ही मिली हैं । आशाजी को दोनों बेटे-बहुए समान रूप से प्यारे हैं, अजीज हैं । लेकिन बड़ा बेटा-बहू उनकी हर स्नेह भरी पहल, केयर अपनत्व को दखलंदाजी साबित करने पर तुले रहते हैं । यही बातें छोटा बेटा-बहू बेहद खुशी से स्वीकारते हैं और छोटी बहू हर किसी से सास की तारीफ करते नहीं थकती कि मम्मीजी कितनी अच्छी हैं, उन्हें हमारा कितना ख्याल रहता है, फिक्र रहती है । आशाजी की बड़ी बहू को समझने में थोड़ा वक्त जरूर

लगा। उन्होंने बगैर अपनी ममता का गला घोटे बेटे-बहू से एक ही शहर में नजदीक ही अलग-अलग घरों में रहते हुए दूरी बना ली, चाहे उसके लिए उन्हें खून के आंसू रोने पड़े। क्योंकि मां का दिल बच्चों के लिए कैसा होता है यह सिर्फ मां ही जानती हैं। ऊपर का उदाहरण पढ़कर शायद कुछ बहुएं अपने को आइडेंटिफाइ कर खुश हो सकती हैं, कि ये है हस्तक्षेप करने वाली सास का सही उदाहरण। लेकिन जैसे हर बुराई में अच्छाई और अच्छाई में बुराई छुपी होती है वैसे भी सास की जासूसी बहू के लिए कभी वरदान भी साबित हो सकती है। यह एक सच्ची घटना है जहां सास की जासूसी ने अत्याधुनिक बनने की होड़ में लगी बहू को बलात्कारी से बचाया। बहू बदन उघाड़ू ड्रेस में पति की गैर हाजिरी में अपने दोस्त को चिकन और ड्रिंक सर्व कर रही थी, जब सिचुएशन ऐसी हो आदमी को बहकते देर नहीं लगती, केवल उसे कसूरवार नहीं ठहराया जा सकता, बल्कि ज्यादा दोषी यहां औरत ही मानी जाएगी।

हर बात के दो पहलू होते हैं। बेशक बहू या दामाद के हितैषी उम्र और तजुर्बे में उनसे बड़े होते हैं, इसलिए वे उन्हें अच्छी सीख ही देंगे लेकिन उन्हें भी तजुर्बे करने दें ताकि आशाजी की तरह उन्हें बहू या दामाद से यह न सुनने को मिले "अपनी जिन्दगी तो आप जी चुके अब हमें हमारी चैन से जीने दो।" जिसके स्नेह को दखल कहा जाए दुख उसे भी कम नहीं होता। शायद इसीलिए धर्मग्रंथों में मोह दुख का कारण बताया गया है। आपका स्नेह या सलाह अगर दामाद या बहू को नहीं चाहिए, तो मत दें क्योंकि आखिर आपका भी आत्मसम्मान है।

●●

8

क्या पत्नी की सफलता से पति त्रस्त होते हैं ?

आजकल पुरुषों की आलोचना करने तथा उन्हें नीचा दिखाने का फैशन सा चल पड़ा है। औरतों के पक्ष में वही घिसे-पिटे डायॅलाग, कहीं उनकी बेचारगी का रोना, कहीं उनकी सुपिरियॉरिटी का डंका। यह सब कहने सुनने में बहुत आसान हो चला है।

एक को ऊपर उठाने के लिये दूसरे को नीचा दिखाना जरा भी आवश्यक नहीं है। स्त्री-पुरुष दोनों का अपना वजूद है। हम केवल बाहरी घटनाओं को लेकर ही स्थिति का सही आकलन नहीं कर सकते।

नई-नई सफलता स्त्री के सर चढ़ने लगी है, यह एक कटु सत्य है। पत्नी की सफलता पर पति का ईर्ष्यालु हो जाना एक ऐसा सत्य है जिस पर क्रोध न करके उसे समझने का प्रयत्न करना चाहिये। उसकी समस्या समाधान चाहती है नफरत नहीं, उपहास नहीं। अगर उसे बॉसगिरी की आदत है तो वह क्यों न हो। अब तक वही मेहनत करके घर चलाता आया है। घर में चोर डाकू आये, तो उनकी पहली गोली वही खाता है। परिवार पर बनते कोशिश आंच नहीं आने देता। युद्ध हो तो जान पर वह खेलता है। कोई भी जोखिम भरा काम हो उसका पुरुषार्थ हाजिर है। ऐसा दस बीस सालों से नहीं बल्कि सदियों से हो रहा है। इन बातों से उसे अहमियत मिलती रही है।

पति अपने को एजर्ट कब करता है ? जब उसे अपने अस्तित्व पर खतरा मंडराता नजर आता है। उसे पत्नी से कम कमाने के लिए समाज, यार-दोस्तों द्वारा हीनताबोध कराया जाता है। सतीश आहूजा की पत्नी एक मल्टीनेशनल कम्पनी में मैनेजर हैं। सतीश एक प्राइवेट फर्म में इंजीनियर हैं। पत्नी की पति से दुगनी तनख्वाह मिलती है। इसी बात को लेकर सतीश के ससुरालवाले उसे नीचा दिखाने का कोई मौका नहीं चूकते। यार-दोस्त भी टॉन्ट मार ही देते हैं। "तुम्हारी तो ऐश है भाई ! भाभीजी

इतना कमाती हैं कि तुम घर बैठे खा सकते हो ? कमाऊ बीबी उस पर भाभीजी की तरह स्मार्ट और सुंदर हो तो हर तरह से मजे हैं ।" तो कभी कोई मित्र सीधे-सीधे सतीश की पत्नी से कहता । "भाभी जरा बॉस को पटा कर रखा करें । वे आपका बहुत फायदा करा सकते हैं न, खूबसूरत औरतों के लिए तो यह सब बहुत आसान है ।" कोई भी पति ऐसी बातें बर्दाश्त नहीं करेगा । ऐसे में उसका कुंठित होना स्वाभाविक बात है । अब इसी फ्रस्ट्रेशन को नारीवाद का नारा बुलंद करने वाली महिलाएं ईर्ष्या का नाम देकर उसकी कड़ी आलोचना करने लगती हैं । अपनी गलत सोच के चलते वे गृहस्थियां उजाड़ने के असामाजिक कार्य में जुट जाती हैं । आदतें बिगड़ते देर नहीं लगती । पति-पत्नी दोनों में से एक आलसी हो और हमेशा दूसरे से ही हर काम करते रहने की अपेक्षा करे, तो यह दोनों के ही हक में ठीक नहीं । पति-पत्नी अच्छे जीवनसाथी हों । इसमें किसी के बॉस और मातहत होने का प्रश्न नहीं उठता ।

ईश्वर ने जब औरत को मां बनाया तो साथ ही उसमें सेवा का जज्बा भी दिया ताकि वह बच्चे की परवरिश करे । पिता की भी बच्चे के पालन में भूमिका होती है, लेकिन उसमें बेसिक नेचर का फर्क भी होता है ।

आधुनिक समाज लाख फर्क मिटा ले, कुछ बातें जो दोनों की अलग-अलग फितरत से जुड़ी हैं, वे अमिट हैं । इसी से स्त्री-पुरुष मिलकर संपूर्णता प्राप्त करते हैं । स्त्री पुरुष से यह अपेक्षा करे कि वह बिल्कुल औरतों की तरह बर्ताव करे, तो यह मुमकिन नहीं है । उसके अपने गुण-दोष हैं जैसे स्त्री के अपने ।

पुरुष का अहम् उसके व्यक्तित्व का गुण है । उसे औरत दोष समझने की भूल करती है और इसी से पनपती हैं, अनेक गलतफहमियां और झगड़े । पति-पत्नी की सफलता से नहीं उसके भाव खाने और अपने को सुपीरियर समझने से त्रस्त होते हैं और थोड़ी-बहुत ईर्ष्या स्वाभाविक है । उसे तो पत्नी को सहना ही होगा । आखिर हर चीज का कुछ मूल्य तो चुकाना ही पड़ता है ।

हां पुरुषों से भी उतनी ही समझदारी की उम्मीद की जानी चाहिए । पत्नी जब डबल ड्यूटी याने कि घर-बाहर दोनों फ्रन्ट पर कार्य करती है, तो उसे अतिरिक्त प्यार और सहानुभूति मिलनी चाहिए । गृह कार्यों में उसे सहयोग करना होगा । जहां प्रेम होगा वहां ये सब बातें बेमानी होती हैं । कोई किसी से त्रस्त नहीं होता । ●●

9

पतिदेव को जब सीधे ढंग से बोलना न आता हो

रायमा एक एड एजेंसी चला रही है। कई लोग उसके मातहत काम करते हैं। ऑफिस में वही बॉस है, तो जाहिर है वहां पर सभी लोग उससे सभ्यता से पेश आते हैं। वही रायमा जब घर आती है, तो पतिदेव का रवैया दिल छलनी कर जाता है। उसके सेल्फ एस्टीम की तो जैसे धज्जियां बिखर जाती हैं।

ऑफिस से किसी का फोन हो, तो कहेंगे तुम्हारे किसी यार का फोन है। रायमा को ताज्जुब होता है कि महेश जैसा पढ़ा-लिखा चार्टर्ड एकाउंटेंट इतने घटिया लब्ज इस्तेमाल करता है। मज़ाक में तो वह फिर भी सहन कर लेती, लेकिन इस तरह ताना मारते हुए उसके चरित्र पर आक्षेप लगाना। मगर महेश की तो यह आदत बन चुकी है। जब भी बोला पत्नी को नीचा दिखाते हुए ही बोला।

रंजना देवी की शादी को चालीस वर्ष बीत चुके हैं। बेटा-बेटी की शादी कर दादी-नानी भी बन गई हैं। दिन-रात उन्होंने पति की सेवा की हैं। सारे काम छोड़कर वे पति को गरम फुल्के बनाकर खिलातीं। चाहे कहीं जाने का प्रोग्राम रद्द करना पड़े, एक जरखरीद गुलाम की तरह उन्होंने पति का हर हुक्म बजाया और बदले में खाना, कपड़ा और एक अदद छत तो जरूर मिली, लेकिन मन सदा अतृप्त रहा। प्यार के दो बोल पति से सुनने को कान सदा तरसते रहे। पति को जरूर उनसे लगाव रहा होगा, क्योंकि पत्नी की मृत्यु के बाद वे भी ज्यादा दिन नहीं जिए। काश, कभी उन्होंने अपनी भावनाओं को अभिव्यक्ति दी होती। पति-पत्नी कितने पल सुख के जी सकते थे। आदत से मजबूर पति मदनलाल सदा पत्नी को यह जताना चाहते थे कि वह अक्ल और समझ में उनसे बहुत

कमतर हैं । इसलिये वे उनसे गालियों में ही बात करते । अक्सर उन्हें पागल, हाफ मैड, बेवकूफ कह संबोधित करते ।

एक जूनियर स्कूल की टीचर अखिला पति की बातों से इतना त्रस्त रहने लगी थी कि उसे अवसाद ने घेर लिया । पतिदेव फल खिलाते, जूस पिलाते, घुमाने ले जाते । पत्नी के मनोरंजन का तो उन्हें ख्याल था, बस अपनी जबान पर ही कट्रोल न था । बात-बात में जैसे काटने को दौड़ पड़ते । अखिला की सहनशक्ति जवाब देने लगी थी । माता-पिता ने साथ दिया । अखिला ने पति से डाइवोर्स ले लिया । ऐसा नहीं था कि उसने पति को प्यार से समझाने की कोशिश नहीं की, उन्हें सुधरने का वक्त नहीं दिया था ।

रेहाना ज्यादा पढ़ी-लिखी नहीं थी, इसी बात को लेकर अनवर उसे जब-तब नीचा दिखाते हुए कहता 'मेरी तो लाइफ ही खराब कर दी है मां-बाप ने । मेरे लिए लड़कियों की क्या कमी थी, इतना कमा रहा हूं । एक से एक पढ़ी लिखी अमीर घर की खूबसूरत लड़की मिल सकती थी, लेकिन तुम्हारी जैसी फूहड़ स्त्री ही लिखी थी नसीब में । रेहाना के पास भले ही ऊंची डिग्री न थी, अंग्रेजी बोलना नहीं आता था लेकिन खूबसूरती सलीके और नेकनियत में वह बेमिसाल थी । रेहाना पति की इज्जत करती थी, इसलिए पलटकर जवाब न देती, इससे अनवर के हौसले बढ़ गए थे ।

आखिर ये पति अपनी पत्नी की भावनाओं, उसके मन को क्यों नही समझ पाते हैं या समझकर भी नासमझ बने रहते हैं । क्योंकि, उनका इगो आड़े आता है । रायमा-महेश के केस में महेश ने अपने परिवार में औरतों को बहुत आज्ञाकारी और दबे हुए ही देखा था । कोई भी औरत परिवार में नौकरीपेशा नहीं थी । वह पत्नी को भी उसी तरह देखना चाहता था, यह भूलकर कि वह एक एड एजेंसी चला रही है, जो कि अत्यंत जिम्मेदारी का काम है । उसका व्यक्तित्व घरेलू औरतों से जाहिर है कुछ तो भिन्न होगा ही ।

रंजना देवी उस पुरानी पीढ़ी का प्रतिनिधित्व करती हैं, जिसमें औरत को महज पैर की जूती समझा जाता था । पति हिटलर हुआ करते थे । हिटलरशाही में ही उन्हें अपना पौरुष नजर आता था ।

अखिला का पति एक मनोविकार से ग्रस्त था । उसका स्वयं पर नियंत्रण न था । उसकी समस्या यह थी कि न उसे अपने किए पर पश्चाताप होता न सुधरने की ही मन में कोई आकांक्षा थी । बीवी को जैसे उसने 'टेकन फॉर ग्रान्टेड' मान लिया था ।

रेहाना फल भोग रही थी अपनी खूबसूरती सलीकेमंदी और नेकनियत का । अनवर इसके ठीक विपरीत था । लोग उसकी बीवी की तारीफ करते तो बजाय खुश होने के वह ईर्ष्या से भर उठता । पत्नी से बदसलूकी वह फ्रस्ट्रेशन के मारे करता था ।

कई पुरुष इस फितरत को जैसे विरासत में पाते हैं । उन्होंने अपने पिता-दादा को ऐसे ही देखा था । जो शायद पविारवालों के सामने शरम लिहाज के कारण पत्नी से प्यार नहीं जता पाते थे । फिर संवाद का यही जरिया सही जैसी सोच के कारण भी पत्नी के प्रति उनका कठोर रवैया हुआ करता था । आज स्थिति भिन्न है । एकल परिवारों का चलन है । स्त्रियां भी नौकरी कर रही हैं, बड़े-बड़े ओहदों पर हैं । नाम कमा रही हैं, लेकिन पुरुष की सामंती सोच आज भी वही है । हालांकि, कहीं-कहीं बदलाव देखने को मिलता है । लेकिन उन्हें नीच नजर से ही देखा जाता है ।

कुत्ते की दुम जैसे टेढ़ी ही रहती है । आदमी की फितरत का भी यही हाल है कि सबसे बढ़िया फार्मूला अपनाये सरेंडर का । सरेंडर कर दें और खुश रहें । इतना इमोशनल होने की जरूरत ही नहीं है । अपने को भीतर से मजबूत बनायें । अपने पर विश्वास लाएं । लॉजिकल बात करेंगी, तो कोई भी मात नहीं दे पाएगा ।

●●

10

साजन की सहेली क्यों बने पहेली

साजन की सहेली केवल आधुनिक युग में ही नहीं बल्कि उस युग में भी हुआ करती थी, जब विवाह की संस्था शुरू हुई थी। पुरुष की प्रकृति तो भ्रमर जैसी होती है। विवाह पूर्व उसका मन कोरा कागज होता है, जिस पर कभी एक तो कभी अनेक नाम लिखे और मिटाये जाते हैं।

अब तो युवक-युवतियों के बीच पहले-सी दूरियां नहीं रह गईं। उनकी मैत्री को लेकर अभिभावक भी काफी उदार हो गए हैं। स्कूल कॉलेज, कार्यस्थल, बस, ट्रेन, पब्लिक प्लेस, सांस्कृतिक उत्सव कार्यक्रम हर कदम हर मोड़ पर उनका आपस में खुल जाना मैत्रीभाव हो जाना स्वाभाविक है, जिसे उसी स्वाभाविकता से स्वीकार भी किया जाने लगा है।

कभी ये मैत्री औपचारिक ही बनी रहती है, कभी प्रगाढ़ होकर प्यार में बदल जाती है। कभी प्यार परवान चढ़कर विवाह-मंडप तक जा पहुंचता है। कभी समाज के डर, घरवालों के विरोध करने पर दोनों के रास्ते अलहदा हो जाते हैं।

प्यार वह पवित्र जज्बा है जो व्यक्तित्व को नया आयाम देता है, गहराई देता है और देता है जीवन जीने की समझ। जिसने कभी प्यार न किया हो, वह प्यार की कसक जानने से महरूम रह जाता है। इस तरह वह जीवन के एक अहम् अनुभव से वंचित रह जाता है। यह उसका दुर्भाग्य ही कहलायेगा।

वे सचमुच सौभाग्यशाली हैं जिन्होंने प्यार की पीड़ा को गहराई से महसूस किया है, क्योंकि, किसी ने सच कहा है। 'टू लव इज टू सफर, टू सफर इज टू लिव' प्यार पीड़ा है और पीड़ा ही जीवन। जैसा कि पहले

कहा है, हर किसी का प्यार विवाह-मंडप तक नहीं पहुंच पाता है । उसमें कई बाधाएं आ जाती हैं जैसे लड़के का आर्थिक रूप से सक्षम न होना, जतिपाँत की दीवार, अमीरी-गरीब का भेद आदि ।

खैर बाद में विवाह किसी से भी हो, नब्बे प्रतिशत लोग उदारवादी नीति अपनाकर जीवनसाथी के साथ सुखपूर्वक पूर्ण रूप से समर्पित होकर ही रहना चाहते हैं । लड़कियां खासकर अपनी गृहस्थी में यूं रम जाती हैं, कभी किसी क्षण एकांत में एक पूर्व प्रेमी की याद मस्तिष्क में कभी फ्लैश होती है लेकिन जिस तेजी से दिखाई देती है, उसी रफ्तार से मिट भी जाती है । वैसे तो कहा जाता है कि औरत अपना पहला प्यार कभी भुला नहीं पाती है लेकिन यह भी सच है कि उसमें एडजस्ट करने की अद्‌भुत क्षमता होती है । प्यार औरत को निस्संदेह किसी हद तक उल्लू तो बनाता ही है, लेकिन सच यह भी है कि पति के प्यार को लेकर यह बेहद पजेसिव होती है । पति के जीवन में किसी दूसरी औरत का ख्याल भी उसे बर्दाश्त नहीं होता । सास-बहू के झगड़ों का अक्सर यही मुद्दा होता है ।

पूर्व प्रेमिका की बात को लेकर झगड़ना फिजूल है । जो बीत गया सो बीत गया, अब तो आपके पति आपके ही हैं, लेकिन कई स्त्रियां पति की पूर्व प्रेमिका के बारे में जरा-सा सुराग लगने पर जमीन-आसमान एक कर देती हैं । सबकी सहानुभूति बटोरने के चक्कर में वे पति की छिछालेदार कर स्वयं को पति की निगाहों में गिरा देती हैं । अनुष्का ने यही तो किया । पति के प्रेमपत्र क्या उसके हाथ लग गए, न केवल मायके, ससुराल बल्कि हर सहेली, पति के मित्र के सामने उसने पति के प्रेमपत्रों का वर्णन कुछ इस तरह किया कि बेचारा पति अपराधबोध से दबा किसी के सामने सर न उठा सका । अनुष्का नहीं जानती थी कि इसका परिणाम कितना भयानक होगा । पति ने आखिरी दम तक फिर कभी उससे ढंग से बात न की ।

सलिला जानती थी कि उसके पति कनिष्क का पड़ौस की लड़की रेंणु से विवाहपूर्व से लव अफेयर चल रहा था । चूंकि रेणु बहुत मॉडर्न लड़की थी । कनिष्क के माता-पिता ने उससे विवाह के लिए बेटे को अनुमति न दी लेकिन कनिष्क के अन्यत्र विवाह हो जाने पर भी उनका

इश्क पूर्ववत चलता रहा । सलिला की जगह कोई और लड़की होती, तो शायद इतने धैर्य का परिचय न दे पाती, लेकिन सलिला ने इस बात को बहुत ही लाइटली लेते हुए इस परिस्थिति में बहुत ही सूझबूझ कर परिचय दिया । रेणु के साथ उसने मित्रवत व्यवहार अपनाते हुए कभी जरा-सी भी ईर्ष्या का पुट व्यवहार में नहीं आने दिया । रेणु हैरान थी कि सलिला आखिर किस मिट्‌टी की बनी है । धीरे-धीरे सलिला की सरलता भोलापन और सादगी उसे भीतर तक छूने लगी । एक दिन जब कनिष्क की मां ने क्रोध के आवेग में रेणु को फटकारते हुए अपने घर फिर कभी न आने की हिदायत दी, तो सलिला ने रेणु की इज्जत रखने के लिए कह दिया मांजी रेणु मेरे ही बुलाने पर आती है । आप व्यर्थ इस पर नाराज न हों जो कहना है मुझे कह लें । सुनकर रेणु ने इतनी शर्मिंदगी महसूस की कि उसने अपने को कनिष्क की जिन्दगी से अलग कर लिया । जहां मीठी मार से काम बनता हो वहां लड़ाई झगड़ा व टकराव से क्या हासिल ।

कभी-कभी विवाह के बाद भी पति परायी औरत के चुंगल में फंस जाते हैं । ऐसा होने के कई कारण हो सकते हैं । पत्नी की उसके प्रति लापरवाही, कर्कश रूखा स्वभाव, शक्की मिजाज, पति के रोमांटिक मूड के प्रति उदासीनता, हर समय तनावग्रस्त चेहरा लिए रहना आदि । अक्सर इस प्रकार के विवाहेत्तर सम्बंध सामयिक और उथले होते हैं । इसलिए पत्नी को एकदम से निराश होकर खीझते नहीं रहना चाहिए । इससे तो स्थिति और बेकाबू हो सकती है । पति-पत्नी के मध्य दूरियां बढ़ेंगी और प्रेमिका को अपना शिकंजा कसने का मौका मिलेगा ।

'टू एर इज हुमन' कहावत है । गलती इंसान ही करता है इस बात को समझते हुए पति को हर समय दूसरी औरत का नाम लेकर ताने मारना, कलह करना या मायके वालों से चुगली कर पति को अपमानित करवाना, धमकी दिलवाना या पति को छोड़कर मायके जा बैठना समस्या का हल नहीं हो सकता । दुख सोचने-समझने की शक्ति हर लेता है । इसलिए बात का बतंगड़ न बनाकर टैक्ट से काम लेते हुए पति को उनकी गलती का अहसास कराया जा सकता है । थोड़ी समझदारी व धैर्य से काम लेने पर हो सकता है, यह पहेली सुलझती नजर आए ।

●●

11

पति के पेशे से परेशानी कैसी ?

सृष्टि और सुहास का दाम्पत्य जीवन दिनोंदिन तनावग्रस्त हो रहा था । सुहास पेशे से डॉक्टर था और शादी से पहले ही उसने अपनी व्यस्तता की बात बताकर सृष्टि के सामने अपनी स्थिति स्पष्ट कर दी थी । तब सृष्टि को डॉक्टर साहब की पत्नी कहलाने के सब्जबाग दिख रहे थे, लेकिन उसे जब हकीकत से दो-चार होना पड़ा तो रोज पति के आने की देर तक प्रतीक्षा करते-करते उसकी सहनशक्ति जवाब दे गई ।

सबा की समस्या कुछ और ही थी । उसके पति आबिद फोटोग्राफर थे । उन्हें रात-दिन जवान और खूबसूरत औरतों के साथ काम करना पड़ता था, जो सबा के लिए ईर्ष्या का कारण बन गया । वह पति से रोज जिद करती कि आप यह काम छोड़कर कोई दूसरा काम कर लें । आबिद अपनी बीवी को बहुत चाहते थे लेकिन वे अपना जमा-जमाया काम छोड़कर नए काम का रिस्क नहीं उठाना चाहते थे, खासकर ऐसे में जबकि सबा मां बनने वाली थी ।

वस्तुतः औरतें अक्सर बगैर सोचे-समझे पति से उनके व्यवसाय को लेकर कलह कर बैठती हैं, लेकिन क्या वे कभी उसका अंजाम भी सोचती हैं ?

डॉक्टर सुहास और आबिद अपने मरीज और व्यवसाय को छोड़कर बीवी को ही खुश करने में लगे रहते तो घर कैसे चलता ? बीवी की जरूरतें व ख्वाहिशें वे कैसे पूरी करते ?

दाम्पत्य में आपसी विश्वास का होना बहुत जरूरी है । औरत को यह अच्छी तरह समझ लेना चाहिए कि शक तेज धार वाली वह आरी है, जो उनके दाम्पत्य के मजबूत बंधन को कभी धीरे-धीरे या कभी एक ही

झटके में काट सकती है । यह पत्नी का विश्वास ही है जो पति को मजबूती से उससे बांधे रखता है । पत्नी का साथ उसकी शराफत का पोस्टर बन उससे चिपका रहता है ।

बड़े शहरों में आज हर जगह स्त्री-पुरुष सहकर्मी हैं । ऐसे में पति के किसी महिला सहकर्मी से मनगढ़ंत काल्पनिक रिश्ते को जोड़कर उठते-बैठते पति को उलाहने देकर पत्नी अपना कितना बड़ा नुकसान कर लेती है, यह पति के प्रतिक्रिया स्वरूप कोई कड़ी कार्रवाई करने पर ही वह रियलाइज कर पाती है, लेकिन तब कई बार स्थिति अनियंत्रित हो जाती है और फिर आजीवन आंसू और पश्चाताप ही उसकी नियति बनकर रह जाती है, जैसा कि दुर्गा के साथ हुआ । दुर्गा की अनपढ़ बुआ ने दो-चार उद्योगपतियों के उनकी स्टाफ मेंबर, सैक्रेटरी, स्टेनो, रिसेप्शनिस्ट से अवैध सम्बंधों के किस्से कुछ इस तरह से उसके कानों में उड़ेले कि स्वभाव से सरल और भोली दुर्गा को अपने पति साहिल, जो कि उद्योगपति था, में भी अब वही छवि दिखाई देने लगी । साहिल महत्वाकांक्षी था, अपने उद्योग को वह बुलंदियों तक पहुंचाने का ख्वाहिशमंद था । उसका चरित्र बेदाग था । महत्वाकांक्षी होने के साथ साहिल अति संवेदनशील स्वभाव रखता था । दुर्गा ने जब उसके देर से घर लौटने का कारण इसी तरह का कोई अवैध सम्बंध बतलाया, जो बुआ ने सुनाया था तो साहिल को पहले तो बुरी तरह से सदमा पहुंचा, लेकिन जब पत्नी द्वारा रोज यही बात दोहरायी जाने लगी तो तंग आकर उसने एक दिन आत्महत्या ही कर ली ।

इस तरह की घटनाएं कोई अजूबा नहीं हैं बल्कि हमें आये दिन कहीं न कहीं सुनने को मिल जाएंगी । पति की प्रतीक्षा करती पत्नी उसके लिए फिक्रमंद होकर, ऐसा वह उससे प्यार के कारण करती है, लेकिन यह डर कि पति कहीं किसी और के साथ रंगरलियां न मना रहा हो, यह बात तभी मन में आ सकती है, जब पति-पत्नी के प्यार में कोई कमी रहती है ।

●●

12

दाम्पत्य में टकराव न आने दें

यह जरूरी नहीं है कि पति-पत्नी के विचार शत-प्रतिशत मिलते ही हों। विचारों में भेद स्वाभाविक है, क्योंकि दोनों की पारिवारिक पृष्ठभूमि अलग होती है। आपमें पढ़-लिखकर इतनी विचारशीलता तो आ ही जानी चाहिए कि सहमत न होने पर भी दूसरे की सोच का सम्मान करें। नेहा और मिलिंद की सोच में उत्तर-दक्षिण के ध्रुव जितना अंतर था, लेकिन फिर भी उनके प्यार में कोई कमी नहीं आई। उनमें गजब का तालमेल था, जिसके कारण कभी एक दूसरे की बात के आगे झुक जाता, तो कभी दूसरा पहले की बात को वरीयता देता।

कहते हैं रिश्ता बराबरी का ही अच्छा होता है। मगर यह भी कहा जाता है कि जोड़ियां ऊपर बनती हैं। बात चाहे कुछ भी हो, जब रिश्ता जुड़ जाता है, तो वे बराबरी के धरातल पर आ जाते हैं। उनकी पृष्ठभूमि चाहे जैसे रही हो। किसी एक की आर्थिक कमजोरी को लेकर दूसरे को उसे न कभी नीचा दिखाना चाहिए न किसी तरह का ताना देना चाहिए जैसा कि महेश अपनी पत्नी बीना के साथ किया करता था। बीना गरीब घर की लड़की थी। उसकी सुंदरता और प्रतिभा देखकर अमीर घर के महेश ने उससे शादी तो कर ली, लेकिन बात-बात पर वह उसे उसके मायके वालों को कंगले, फटीचर कहकर उसका दिल दुखाया करता था। कभी बीना को कहता-'भिखारी को चाहे साम्राज्य दे दिया जाए फिर भी रहेगा वह भिखारी का भिखारी।' ऐसे में भला बीना, पति का मन से सम्मान करती भी तो कैसे ! पत्नी अगर ज्यादा शिक्षित है, पति से ज्यादा कमा रही है तो इस बात को लेकर न पत्नी में अहंकार होना चाहिए न पति को कुंठा। अगर उनमें प्यार और विश्वास पुख्ता है तो यह बातें कोई

मायने नहीं रखेंगी । हां, कुछ लोग जरूर ऐसे मिलेंगे जो इस बात को लेकर उन्हें ताना मारते हुए शर्मिंदा करने की कोशिश करेंगे । उनकी बातों से निर्लिप्त रहना ही आपके लिए श्रेयस्कर है । दूसरों के रेफरेंस में कमजोर मनोबल के लोग जीते हैं ।

पति-पत्नी के आपसी टकराव का प्रमुख कारण समर्पण की भावना में कमी आना है । जो दम्पति अपने 'स्व' को एक-दूसरे को समर्पित कर देते हैं, उनके वैवाहिक जीवन में दरार की स्थिति नहीं आती । किसी एक का होकर उसे अपना बना लेने में जो सुख-संतोष है उसकी तुलना नहीं की जा सकती ।

पति-पत्नी का साथ जीवन भर का होता है । यह सफर मजे से कटे इसके लिए दोनों का एक-दूसरे को सहयोग देना जरूरी है । आज हर तीसरी महिला कामकाजी है । जब वह घर से बाहर निकलकर घर-बाहर दोनों की जिम्मेदारी का दोहरा बोझ उठा रही है, ऐसे में पति का कर्तव्य बन जाता है कि वह गृहकार्यों में पत्नी को सहयोग दे । ऐसा न करने पर तनाव बढ़ता है, जिसका सीधा असर उनके दाम्पत्य और परिवार की खुशी पर पड़ता है ।

पति-पत्नी को कभी-कभी अपने समय की भी जरूरत होती है । इसलिए, साथ समय बिताने के अलावा एक-दूसरे की निजी जिन्दगी का भी ख्याल रखना चाहिए । ताकि वे एक-दूसरे पर पूरे समय हावी होने न लगें । रिश्ते में ताजगी बनी रहे इसके लिए यह भी एक ध्यान देने वाली बात है । इस रिश्ते की उष्मा कुछ समय बाद जब कम होने लगती है, तब कई बार विवाहेत्तर सम्बंध पनपने लगते हैं या कभी साथी से न मिलने वाली संतुष्टि की खोज में दूसरा बाहर का कंधा खोजने लगता है । वैवाहिक जीवन के शुरुआती दिनों की दीवानगी, प्यार, दोस्ती और उमंग बनी रहे इसके लिए अपने को समय-समय पर तरोताजा करना होगा । दिमागी जाले साफ करने होंगे । इस रिश्ते में उष्मा बनी रहे इसके लिए पर्याप्त संवाद और जिन्दादिली चाहिए ।

एक सफल सुखी वैवाहिक जीवन का आधार-स्तंभ है, अच्छे सैक्स सम्बंध । कार्यरत लोगों की जैविक बेसिक जरूरतों में कमी आने के कारण उनमें सैक्स के प्रति बढ़ती अरुचि भी दाम्पत्य में असंतोष और

अवसाद का कारण है । मनोविश्लेषकों के अनुसार यह असंतोष कई बार तनाव व दरार पैदा कर टकराव का कारण बन जाता है ।

सारी बात आपसी प्यार, विश्वास और समझ पर आकर ठहर जाती है । प्यार बांटने से बढ़ता है । विश्वास से विश्वास मिलता है, आपसी समझ सुखी, वैवाहिक जीवन का नम्बर वन फार्मूला है । इन पर चलकर ही पति-पत्नी सफल वैवाहिक जीवन गुजार सकते हैं ।

पति अपने अधिकारों की दुहाई न देकर पूरी सच्चाई के साथ कर्तव्यों का पालन करें । पत्नी के सेंटीमेंट्स को समझ सकें, उसकी परेशानियों को अपनी परेशानी समझें । उसे सामाजिक, आर्थिक सुरक्षा जितनी हो सके देते हुए उसे इज्जत दें और पत्नी भी पति की रुचियों-अरुचियों को ध्यान में रखते हुए सुख-दुःख में साथ निभाये, पति की कमजोरियों का उपहास न करते हुए प्रेम से उन्हें दूर करने की कोशिश करे । उन्हें प्यार और मान दे । फिर भला क्यों कर हो उनके बीच टकराव ।

●●

13

...ताकि पति को फील न हो !

दाम्पत्य के खुशनुमा सफर को बोझिल बनते देर नहीं लगती । बहुत जल्दी पति-पत्नी, एक-दूसरे को 'टेकन फॉर ग्रान्टेड' मानकर चलने लगते हैं । बुरा भी मान गए तो क्या लौट के तो मेरे पास ही आएंगे । खाना भी मेरे ही हाथ का खाएंगे । अब तो ये मुझ पर इतने निर्भर हो गए हैं कि मेरे बिना भला इनका जरा देर भी काम चल सकता है ?

यह फीलिंग लेकर चलती हैं, आम पत्नियां । शुरू की शालीन व्यवहार वाली कोमलांगी धीरे-धीरे जैसे घर की सत्ता की बागडोर संभालकर परिपक्व होने लगती है । बच्चों को आदेश देना, नौकर-महरी से सवाल-जवाब तथा खरीददारी करते हुए मोलभाव आदि करते-करते काफी कठोर होने लगती है । आवाज की मिठास खोने लगती है । अपनी चलाने की आदत जोर पकड़ने लगती है । पति ज्यादातर एडजस्ट करके चलने में विश्वास रखते हैं । बाहर की टेंशन ही इतनी होती है । कम से कम घर में तो सुख-चैन मिले, यही सोचकर ज्यादातर पति, 'यस मेम' की भूमिका ही निभाते हैं । कुछ अपवाद छोड़ दें ।

आज का माहौल ऐसा बन चुका है कि सारी सहानुभूति औरतें ही बटोर ले जाती हैं । निःसन्देह इसके पीछे उन पर अत्याचार के कारण भी रहे हैं, लेकिन इस ट्रेंड के चलते समाज व कानून इत्यादि औरतों के हक में हैं । अब होता यह है कि जो वास्तव में निरीह औरत है, जिस पर वास्तव में अत्याचार हो रहा है, वह तो खामोश रह जाती है और जो औरतें, पुरुषों पर हावी रहती हैं वे इसका नाजायज फायदा उठाती हैं । जब औरतों के दिमाग में यह बात घुस जाती है कि अपर हैंड उन्हीं का है, तो पति की इज्जत वे दो कौड़ी की भी नहीं समझतीं । हंसी-मजाक

अपनी जगह है लेकिन उन्हें बेइज्जत करना औरतों की आदत बन जाती है । कोई उन्हें आईना दिखाने का रिस्क भला क्यों ले ? आत्मविश्लेषण करने की उन्हें आदत नहीं होती, उन्हें अपनी गलती नजर नहीं आती । ऐसी बातें स्लो पॉयजन की तरह धीरे-धीरे असर करती हैं । हो सकता है पतिदेव लंबे समय तक पत्नी की बदतमीजियां, समझौतावादी नीति के नाम पर झेलते रहें, लेकिन फिर एक न एक दिन तो विस्फोट होगा ही। तब स्थिति शायद किसी के नियंत्रण में न रहे ।

कई बार पत्नी से प्रताड़ित पति आत्महत्या तक कर लेते हैं, लेकिन उसके लिए मीडिया कुछ नहीं करता जैसा कि वह औरतों के लिए करता है । औरतों को पति की कोई बात लग जाती है, तो वे जार-जार रोकर अपना गुबार निकाल लेती हैं, लेकिन पति ऐसा नहीं कर सकते । रोना उनकी फितरत नहीं । यह मर्दानगी के खिलाफ बात है । यूं समझ वे जब्त कर जाते हैं ।

हम समय कि किट्-किट् भला कौन पति बर्दाशत करेगा ? कुछ बातों की अनदेखी भी की जानी चाहिए । पुरुषों के मनोविज्ञान को समझना भी आना चाहिए । वैसे कुदरत ही औरत को छटी इंद्रिय देती है, तभी जहां पुरुष नॉलेज ज्यादा रखता है, वहीं औरत समझ से धनी मानी जाती है ।

स्त्री-पुरुष एक जैसे नहीं होते बल्कि एक-दूसरे के पूरक होते हैं । इसलिए औरत का यह सोचना कि यह बिल्कुल मेरे जैसे नहीं बल्कि एक दूसरे के लिए जैसा जज्बा होना चाहिए । अगर वे विचारशील हैं, तर्कसंगत बातें करते हैं, तब गुस्सा शांत होने तक वेट कीजिए । एक व्यक्ति के बनने में उसके अतीत का बड़ा हाथ होता है । उनमें कुछ ग्रन्थियां हो सकती हैं । अपने को एजर्ट करने के लिए वे कुछ नौटंकी कर रहे हों तो, ऐसे में औरत को उन्हें ठीक एक बच्चे की तरह हैंडल करना चाहिए । कहा भी गया है 'हर पुरुष में कहीं एक बच्चा जीवित होता है ।'

अंत में आलोचना उस खास बात, व्यवहार की ही करें जिसने आपका दिल दुखाया हो, जो बात आपको बुरी लगी हो, जिससे आपके सम्मान को ठेस पहुंची हो । पर्सनल कमेंट कभी न करें । इससे बात

एकदम से हर्ट कर जाती है, फील हो जाती है । रिशा के पति घड़ी कहीं रखकर भूल गए । एक तो उन्हें दफ्तर को पहले ही देर हो रही थी ऊपर से अपने ही काम में जुटी पत्नी लगातार उनके स्वभाव पर कमेंट करने लगी थी । 'अपनी आदतें सुधार लो वरना किसी दिन गहरी चोट खाओगे, लापरवाही की भी हद होती है, कोई काम आपका ढंग का नहीं होता, पता नहीं माताजी ने कैसी शिक्षा दी है । हमारे घर में तो...' पति वीरेंद्र की सहनशक्ति जवाब दे गई थी । हाथ में मोबाइल था, फैंक के दीवार पर मारा और बगैर उसके हश्र की परवाह किए दफ्तर चले गए ।

अगर पत्नी में जरा भी समझ है, तो इस-इस तरह की स्थिति नहीं आने देगी । क्या एक ही परेशानी दूसरे की नहीं मानी जानी चाहिए। रिशा का कर्तव्य था घड़ी ढूंढ़ने में पति की मदद करती, न मिलने पर अफसोस कर अपनत्व भरा सहानुभूतिपूर्ण रवैया अपनाते हुए उन्हें कहती-'फिक्र न करें, घड़ी यहीं कहीं रखी होगी मिल जाएगी ।' पति का मोबाइल फैंकना गलत था, लेकिन पत्नी की इस तरह की आलोचना क्या ठीक थी ?

●●

14

विवाहोपरांत अनकही रहने दें कुछ बातें

ईमानदारी शब्द को परिभाषित करना इतना आसान नहीं है, क्योंकि यह एक शाश्वत मूल्य होने के बावजूद समय, परिस्थिति और लोगों को देखते हुए बदल जाता है । अब यही बात लें कि पति-पत्नी को एक दूसरे से कुछ भी नहीं छुपाना चाहिए । सुनने में बड़ी आदर्शवादी बात है लेकिन अन्य सोकॉल्ड आदर्शों की तरह यह भी प्रैक्टिकल नहीं है । कई बार कुछ सच और सच के सिवा कुछ नहीं, दुःख, तकलीफ, परेशानी और बर्बादी के कारण बनकर रह जाते हैं । तब क्या यह समझदारी न होगी कि उनसे तौबा की जाए ?

मनोचिकित्सक डॉली नानावटी के अनुसार भूतकाल के रोमांस की बातें असुरक्षा और ईर्ष्या को जन्म दे सकती हैं । जिसका अंजाम कभी-कभी अत्यंत घातक साबित होता है । जैसा कि करन केजरीवाल और समिधा मित्तल के केस में हुआ । करन ने अपनी पत्नी विशाखा को विवाह पूर्व अपने रोमांस के बारे में यह सोचकर बताया था कि इससे उसके पौरुष को बल मिलेगा । विशाखा का ईर्ष्यालु स्वभाव यह बर्दाश्त न कर सका । उसने मायके में जाकर अपने दोनों भाइयों को रो रोकर करन की पूर्व प्रेमिका के बारे में बताया । भाइयों ने बहन की खुशी के लिए उस लड़की के चेहरे पर तेजाब डाल दिया । नतीजतन इस ट्रेजेडी की चपेट में कितनी ही जिन्दगियां आ गई । समिधा मित्तल ने भी पहली ही रात पति के सामने सच बताने के फेर में विनय नाम के बॉयफ्रैंड के साथ अपने शारीरिक सम्बंधों को कबूला । नतीजतन घर भर के लिए वह एक कुलटा, दुष्चरित्र स्त्री बन गई । घर के सभी पुरुषों ने बुरी दृष्टि डालनी शुरू कर दी ।

इन सब बातों के बावजूद कुछ लोग इस बात में दृढ़ विश्वास रखते हैं कि वैवाहिक जीवन की बुनियाद सच पर टिकी होनी चाहिए । अंतिम श्रीवास्तव एक एन.आर.आई. का कहना है कि जब मैं अपने बचपन, स्कूल, कॉलेज की बातें, अपनी पहली नौकरी की बात पत्नी को बता सकता हूं तो प्रेमिका या गर्लफ्रैंड के बारे में क्यों नहीं । आखिर उस समय वह मेरे जीवन का एक अहम् भाग थी । मान लो मैं नहीं बताता और पत्नी को किसी और से पता लगता है, तब उसका मुझ पर से क्या विश्वास उठ नहीं जाएगा ?

रेवती मेनन एक सॉफ्टवेयर प्रोग्रामर का भी यही मानना है । वह कहती है जिसके साथ बाकी सारा जीवन गुजारना है, जिसके साथ बैंक एकाउंट से लेकर बिस्तर तक शेयर करना है, उसके साथ अपना अतीत भी क्यों न शेयर करें ? न बताने की सूरत में जीवन साथी यह सोच सकता है कि मैं जरूर कुछ छिपा रही हूं । अब कुछ लोग ऐसे भी हैं जो पूरी तरह से सोचते हैं कि अतीत में विचरने से कोई फायदा नहीं । खासकर डिटेल बताने में । अपने आचरण व्यवहार और प्रेम से रिश्ता पुख्ता कीजिए । भूतकाल के गड़े मुर्दे उखाड़ना बेवकूफी और समय की बर्बादी के सिवा कुछ नहीं ।

डॉक्टर रत्ना मित्रा का कहना है इस तरह की बातों में प्रेमी को लेकर सैक्स सम्बंधों को डिटेल में बताने से पति में एक असमर्थता का भाव पनप सकता है, साथ ही प्रेमी के प्रति यह बेवफाई भी होगी । आखिर किसी समय आपने उससे सच्चा प्यार किया होगा । चाहे बाद में वह वक्ती बुखार ही सिद्ध हुआ हो ।

कहा जाता है शादी के बाद एक नये जीवन की शुरुआत होती है । आजकल शादी के समय तक युवक-युवती दोनों ही परिपक्व होते हैं । लेट मैरिज का चलन बढ़ रहा है, ऐसे में बॉडी केमिस्ट्री अपना काम करती है ।

कुछ आज का वातावरण, उसमें बढ़ता खुलापन, लड़के लड़कियों का आपस में मेलजोल रखने का चलन भी इसके लिए उत्तरदायी है । यह एक नैसर्गिक बात है, आदिम प्रवृत्ति है । कुछ किस्मत कहें, कुछ होशियारी कि लड़कियां गलत लड़कों के चंगुल में पड़ने से बच जाती हैं

या लड़के ही किसी बिगड़ैल मनी-माइंडेड लड़की के प्यार का नाटक ठुकराए जाने पर अपने को संभाल लेते हैं, नहीं तो कई बार प्यार में धोखा खाए लोग अरसे तक संभल नहीं पाते हैं ।

संभल जाने के बाद फिर दोबारा गलती करना ऐसा ही कुछ कहलायेगा जीवनसाथी को पिछली बातें बताना । कोई कुछ भी तर्क दे, ईमानदार रहने की दुहाई दे, लेकिन यह भी तो सोचें जरा कि इससे किसका क्या भला होता है । स्पष्ट बात है आप अपना वैवाहिक जीवन सुखी रखना चाहते हैं, तो कभी इस तरह की बातों का जिक्र भूले से न करें । अपने को प्रूव करने, साथी की निगाह में ऊंचे उठने के और भी बहुत तरीके हैं । अपने पौरुष की या सैक्स अपील की डींगे मारने के मकसद से उन्हें बढ़ा-चढ़ाकर बताना सस्ती मानसिकता का परिचायक है ।

●●

15

संकट न बन जाए पत्नी का सौन्दर्य

श्रेय का विवाह क्या हुआ, हर तरफ उसकी दुल्हन के रूप के चर्चे होने लगे। जान-पहचान वाले, रिश्तेदार, यार-दोस्त, यहां तक कि श्रेय की गर्लफ्रैंड्स तक भी उसकी एक झलक देखने के लिए बेताब रहते। पत्नी पर ही सब लोगों को ध्यान देते देख इस दौरान खुद को उपेक्षित महसूस कर श्रेय में हीन भावना घर करने लगी।

वैसे भी वह स्वयं सांवला और नाटा था, जबकि पत्नी गोरी-चिट्टी और लंबी थी। इसीलिए लोग-बाग अक्सर यह कहने से भी नहीं चूकते "कौव्वे की चोंच में अनार की कली।"

सलिल की पत्नी नताशा का फिगर एकदम नपा-तुला होने से वह जो भी ड्रैस पहनती, उस पर खूब जंचती थी। उन दिनों नाभि दर्शना साड़ी पहनने का फैशन ज्यादा प्रचलित था। नताशा भी इसी तरह भड़काऊ फैशन में पारदर्शी साड़ियां और चोलीनुमा ब्लाउज पहनकर शरीर प्रदर्शन करती फिरती। जब गली-मोहल्ले के लड़के माधुरी दीक्षित या ममता कुलकर्णी के नाम से पुकारते तो वह इसे अपनी जबरदस्त सैक्स अपील के प्रति कॉम्पलीमेंट समझ मन ही मन फूली न समाती।

अश्लील फब्तियों पर नताशा का मुस्कराना तथा व्यक्ति की पाशविक वृत्तियों को जगाने के लिए आमंत्रण देती बदन उघाड़ू ड्रेसेज को आखिर कुछ गुल तो खिलाना ही था। मगर एक दिन कहर बरसा बेचारे पति पर। एक मनचले ने जब नताशा का गले में रूमाल की तरह पड़ा दुपट्टा खींचना चाहा, तो सलिल के विरोध करने पर उसने उसकी हाथ की हड्डी तोड़ दी। गनीमत थी कि सलिल की जान बच गई।

नए साल की पार्टी पर सुलेखा का सौन्दर्य हर मर्द पर कहर बरसा रहा था। अपनी पत्नी को भूल वे सभी सुलेखा की खूबसूरती से आंखें

सेंकने में मशगूल थे ।

इस बात को लेकर पार्टी में अच्छा-खासा हंगामा खड़ा हो गया । सुलेखा के लाख समझाने पर भी निशित शांत नहीं हुआ । आखिर पार्टी के बीच से ही वे लोग वापस घर लौट आए ।

इसमें दो राय नहीं कि हर स्त्री सुंदर दिखना चाहती है और इसके लिए वह तरह-तरह के सौन्दर्योपचार भी करती है, बनती-संवरती है, हैसियत के मुताबिक ब्यूटी पार्लर्स पर पैसा खर्च करती है । दूसरी ओर हर युवक भी पत्नी के रूप में खूबसूरत स्त्री ही चाहता है और उसके रूप पर भ्रमर बनकर मंडराना चाहता है । जिंदगी केवल रोमांस ही नहीं बल्कि हकीकत भी है और हकीकत यही है कि जिंदगी केवल खूबसूरती की पूजा करके ही नहीं गुजरती । इसमें पत्नी मां भी बनती है, मां बनकर उसकी जिम्मेदारियां बढ़ जाती हैं और तब सजने-संवरने के लिए उसके पास इतनी फुर्सत नहीं रह जाती । अगर वह रूपगर्विता है, तो वह अपना ज्यादा से ज्यादा समय सुंदर दिखते रहने में ही लगाना चाहेगी । तब स्वाभाविक है कि वह अपनी दूसरी ड्यूटीज की तरफ ध्यान नहीं दे पाएगी ।

रानी क्लियोपेट्रा, रानी पद्मिनी के सौन्दर्य कारण जो युद्ध हुए और उनमें जो असंख्य लोगों की जानें गई, इतिहास इस बात का गवाह है ।

सुंदर या असुंदर होना किसी के हाथ की बात तो है नहीं, लेकिन हां, शालीनता से रहना या रूप का भोंडा प्रदर्शन करना, यह जरूर हाथ की बात है । आश्चर्य तो तब होता है, जब अपने सौन्दर्य प्रदर्शन की चाह में औरतें दिसम्बर-जनवरी की कड़कती सर्दी में भी अपनी पीठ को आवरणहीन दिखाने के लिए आगे-पीछे खुले गले के ब्लाउज पहने पार्टी, विवाह-समारोह आदि जगहों पर देखी जाती हैं । ऐसे में यह स्वाभाविक है कि सबकी निगाहें उनकी नंगी पीठ पर चिपककर रह जाती है । अगर कोई ऐसी हरकत के खिलाफ कुछ कहता है, तो वह एकदम से इन आधुनिकाओं द्वारा दकियानूसी करार दे दिया जाता है । पता नहीं, एक सीधी व साफ सी बात इन आधुनिकाओं के दिमाग में क्यों नहीं आती कि किसी को लालच में डालना भी लालच करने जैसा ही है । अगर पति-पत्नी में अंडरस्टैंडिंग है, तो पति को जो पसंद है, वही पत्नी करेगी और कोई भी पति नहीं चाहेगा कि उसकी पत्नी बाजारू दिखे । ●●

16

आज्ञाकारी पति की परेशानियां

औरतें, पुरुषों से ज्यादा समझदार होती हैं बावजूद इसके कि उनकी टापफ्लोर खाली मानी जाती है । इसका सिक्का मानने वालों में से ही थे अनिकेत । पत्नी पूजा एक अत्यंत प्रतिभाशाली ऑल राउंडर नारी थी यानी कि बहुमुखी प्रतिभा की धनी । लोगों में अच्छी खासी छवि थी उसकी । पति भी वैसे किसी बात में कम न थे मगर पत्नी के प्रतिभाशाली व्यक्तित्व से कुछ ज्यादा ही प्रभावित होने के कारण सेल्फएस्टीम थोड़ा गड़बड़ा गया था । पूजा उन पर कितनी निर्भर है यह बात जैसे वह जानते हुए भी इससे अनजान बने रहते । कवि तुलसीदास की तरह ही वे पत्नी भक्त बन गये थे । तुलसीदास की पत्नी ने उन्हें सबक सिखाया लेकिन हर वह पत्नी जो पति की आसक्ति से परेशान होने लगती है, उन जैसी नहीं हो सकती। वह अजब दुविधा में फंस जाती है । एक तरफ उसका अहम् संतुष्ट होता है । पति का हर समय आगे-पीछे मंडराना वह भी ढलती उम्र में, किसी भी औरत के लिए फख्र की बात तो है ही, लेकिन मुंह से बात निकलते ही तुरंत उसका पालन नौकरों से ही अच्छा लगता है पति से नहीं ।

पूजा की मुसीबतें पति की इस आदत से बढ़ गई थीं । घर में वे दो ही प्राणी थे । बच्चे घोंसला छोड़ उड़ चुके थे । अब वह कभी एकालाप करने की स्थिति में भी होती, तो पति देव न जाने कैसे उनकी बात सुन लेते और आर.ए.एफ. (रेपिड एक्शन फोर्स) बन जाते । घर में पति-पत्नी के बीच बीसों बातें डिस्कस होती हैं । उन्हें कई कोणों से जांचा परखा जाता है लेकिन अनिकेत जैसे आज्ञाकारी पतियों के पास इतना सब्र कहां ।

पुरवा के बेटे-बहू ठाठ से रहने के शौकीन थे । दोनों अच्छा कमाते

थे, सो शौक पूरे भी कर सकते थे । आए दिन सोफा, कार्पेट, मिक्सी वे बदलते रहते । पुराना कालीन मम्मी के यहां डाल गए । उन्होंने बढ़िया सिंथेटिक कालीन खरीद लिया था । उन कालीनों से कमरे में धांस रहने लगती थी । वैसे वह कमरा खास इस्तेमाल में नहीं आता था । उस दिन पुरवा इसी बात को लेकर थोड़ा अफसोस कर रही थी । पति अंशुमान के सुनने की देर थी, भारी भरकम कार्पेट रोल करके ऊपर की मंजिल पर पहुंचा आए । तभी कार्पेट बेचने वाले की आवाज आई । पुरवा ने सिर पीट लिया ।

शीना नल ठीक से बंद नहीं करती थी । उसे लगता शायद नल टपकता है । उसने पति शरद से जरा जिक्र भर किया । फौरन पति ने उस नल की वाल्व बदल डाली । पता चला यह नल तो अच्छा खासा बंद होता था। शीना तो दूसरे नल के बारे में शिकायत कर रही थी, जो वास्तव में ठीक ठाक बंद हो जाता था ।

पूजा, पुरवा शीना जैसी स्त्रियों को भाग्यशाली जानकर कई औरतें उनसे ईर्ष्या कर सकती हैं । अक्सर औरतों को अपने पति से शिकायत होती है कि वे उनकी जरा भी नहीं सुनते, बस अपने में मस्त रहते हैं । आफिस-फैक्ट्री का काम भला और वे भले । घर में एक अदद बीबी भी है, ये बात दिन में तो वे भूल ही जाते हैं । महानगरों में बढ़ते तलाक के केस दर्शाते हैं कि पति-पत्नी एक-दूसरे से एडजस्ट नहीं कर पा रहे हैं। दोनों के अहम् टकराते हैं और कोई भी दूसरे के आगे झुकने को तैयार नहीं । ऐसे में यह सोच स्वाभाविक है कि अगर पति बहुत ही आज्ञाकारी किस्म के हैं, तो झगड़ा होने के चांस बहुत कम रह जाते हैं । लेकिन जब विवाह का सारा प्यार ही उसमें से गायब हो, तो महज समझौते पर टिका रिश्ता ही रह जाता है पति-पत्नी के बीच । हर व्यक्ति कुछ मान्यताओं और मूल्यों के साथ ही पले-बढ़े होते हैं । समझौते के नाम पर इन मूल्यों को छोड़कर वह अपने को ठगा-सा महसूस करता है । उसका व्यक्तित्व खंडित हो जाता है । यह किसी भी तरह व्यक्ति के हक में अच्छा नहीं होता है । चाहे पति हो या पत्नी, व्यक्तित्व को बनाए रखना और उसे निरंतर विकसित करना उनके सुख और आत्मसंतुष्टि के लिए जरूरी हैं। आज्ञाकारिता के नाम पर एक रोबेट किस्म का पति भला किस पत्नी को

आत्मिक संतुष्टि दे सकता है । हां, यह महज सुविधाजनक जरूर हो सकता है ।

हर नारी में कहीं एक समर्पिता रूप छुपा होता है । आज्ञाकारी पति के होते उसे सामने आने का मौका नहीं मिलता । पति डामिनेट करे तभी पत्नी उसका आदर करती है, नहीं तो उसे पति को नौकर की तरह ट्रीट करने में देर नहीं लगती । उन्हें इस बात का अहसास तक नहीं होता, सिर्फ दूसरे लोग इस बात को नोट करते हैं । कई बार पति की आज्ञाकारिता उसकी गरिमा को खत्म कर देती है । उसक सेवक रूप पत्नी के लिए जानकारों के सामने शर्मिन्दगी का बायस बन जाता है ।

●●

17

विवाहोपरांत टूटते बिखरते सपने

शांभवी और निकुंज की नई-नई शादी हुई थी । गोआ जाकर उन्होंने अपना हनीमून मनाया । दोनों ही एक-दूसरे से बहुत प्रसन्न थे । उन्हें लगा कि उनके विचारों में काफी सामंजस्य है, इसलिए भविष्य में उनकी अच्छी पटरी बैठेगी ।

एक बार शांभवी की ननद वन्या ने एक पार्टी में जाने के लिए भाभी से भारी साड़ी पहनने के लिए मांगी और शांभवी ने सहर्ष दे भी दी । पार्टी में साड़ी पर अनजाने में ही सब्जी गिर जाने के कारण साड़ी खराब हो गई और इस बात को लेकर शांभवी ने सारा घर सिर पर उठा लिया । निकुंज ने पत्नी का जब यह रूप देखा, तो उसके मन में पत्नी को लेकर वैमनस्य आ गया । फिर तो बात बिगड़ती ही चली गई । शांभवी ने अपने माता-पिता को जब बिचौलिया बनाना चाहा, तो निकुंज और उसके घरवालों को अपने घरेलू मामलों में उनकी दखलंदाजी सहन नहीं हुई । अतः उन्होंने गुस्से में कह दिया कि अगर ऐसी ही बात है, तो रखिये अपनी लाड़ली को अपने ही पास ।

अपनी सुन्दरता और शिक्षा को लेकर शांभवी में गुरूर तो था ही, उसे लगा कि उसके आत्मसम्मान को ठेस पहुंचाई जा रही है । आखिर वह इन लोगों से क्यों दबे । उसके लिए तो वे पराये जैसे ही हैं । अपनापन अभी उसमें समाया न था, जो कि कम अर्से के कारण शायद कुछ हद तक कुदरती बात थी ।

हर इंसान का स्वभाव अलग होता है लेकिन उसमें सारी बातें कंडेम करने जैसी ही हों, ऐसा नहीं है । अच्छा इतना अच्छा नहीं होता और बुरा इतना बुरा नहीं, जैसा कि अक्सर हम समझने की भूल कर बैठते हैं ।

एक मैरिज कंसल्टैंसी ब्यूरो की चीफ अम्बिका दोषी का मानना है कि नई बहू को ससुराल में एडजस्ट होने में कुछ वक्त तो लगेगा ही। प्रोब्लम यह है कि इस बात को न स्वयं वे रियलाइज करती हैं और न ही ससुराल वाले। छोटे-मोटे लड़ाई-झगड़ों को बेवजह गंभीर रूप दे दिया जाता है और यूं ही घर टूटने की नौबत आ जाती है।

अहम् का टकराव :- माना कि अहम् व्यक्तित्व का केन्द्र बिन्दु है, लेकिन इसे अहंकार न बनने दें, अड़ियल न बनने दें। यह जरूरी है, क्योंकि जीवन तभी दुश्वार होता है, जब ऐसा होता है। माना कि आप बुद्धिमान हैं, पढ़ी-लिखी हैं, लेकिन ये बातें आपका व्यक्तित्व स्वयं मुखरित कर देता है। आपको इस बात का डंका बजाने की भला क्या आवश्यकता है।

यही बात भूलकर अक्सर नवयुवतियां इम्प्रेस करने के लिए पति की हर बात को काटकर बहसबाजी पर उतर आती हैं। गुस्सा आने पर उसे निकालने के लिए कोई सुरक्षित जरिया ढूंढ़ लें, तो काफी समस्याओं, दुख, आंसू और पश्चाताप से बचा जा सकता है।

नवविवाहित जोड़े अगर प्यार की महत्ता को समझते हुए उसे ही तरजीह दें और बाकी बातों को गौण समझकर उन्हें उसी रूप में लें, तो कोई कारण नहीं कि उनमें आपस में न बने।

संवाद बनाए रखें :- यह मानकर चलें कि जिन्दगी बहुत लंबी नहीं होती। कौन जाने कि जिन्दगी में किसका कितना साथ लिखा है नसीब में। अतः जिन्दगी में आपसी सुख और प्यार के लम्हे जितने बटोर सकें, बटोरते रहें। आपस में छोटी-छोटी बातों को लेकर लड़-झगड़कर एक-दूसरे से बोलना-चालना बंद करने से दोनों ही दुखी रहेंगे। आपस में बोले बगैर वैसे भी गलतफहमियां दूर भी कैसे होंगी, जो कि अक्सर झगड़े का कारण होती हैं। इसलिए संवादहीनता की स्थिति से बचें। आगे होकर बोलने में किसी की नाक नीची नहीं होगी।

दैहिक सुख ही सब कुछ नहीं :- विवाह का उद्देश्य केवल सैक्स संतुष्टि ही नहीं होता। अक्सर युवक पत्नी की भावनाओं को नहीं समझते। पत्नी कई बार शर्म और झिझक के कारण अपनी भावनाओं को प्रकट नहीं कर पाती और पुरुष का उतावलापन उसे मानसिक रूप से चोट

पहुंचाता है । सुख और संतुष्टि की सम्पूर्णता के लिए तन और मन दोनों का संयम बहुत जरूरी है । सेज से पहुंचे रूह तक और रूह से पहुंचे सेज तक ।

दो अजनबी प्राणी निसंदेह दैहिक सम्बंधों के कारण ही अंतरंग बन जाते हैं । यह अपने आप में एक अनूठा रिश्ता है, जो खून का न होकर भी इतना करीबी है । प्रेम की गहराई की अनुभूति जो इस रिश्ते में होती है, उसका रोमांच और मजा ही कुछ और है । जीवन को नया रूप नया आयाम देता है यह रिश्ता । एकांत क्षणों में अपने में कायनात समाये नवसृष्टि की ऊर्जा लिए, शाश्वतता की ओर कदम बढ़ाते ये वो दो अधूरे टुकड़े हैं, जो सम्पूर्णता की तालश में कब से भटक रहे थे और अब जाकर मुकम्मल हुए हैं । 'मैरिज़ेज आर मेड इन हैवन' शादी-विवाह जैसे बंधन ऊपर वाला ही जोड़ता है, अतः इन्हें नरक बनाने की भूल न करें। आप तो बने ही एक-दूसरे के लिए हैं ।

●●

18

पत्नी को बेवजह बेइज्जत न करें

बस–बस देवीजी आप तो रहने ही ही दें। गाना वाना आपके बस की बात नहीं। अभी सुर छोड़ते ही गधे इकट्ठे होकर आपके सुर में सुर मिलाने लगेंगे।

कृष्ण के यहां छोटी–सी पार्टी थी, जिसमें दस जोड़े शामिल हुए थे। सभी पत्नियों ने कुछ शेर, गाने, चुटकले सुनाए। जब कृष्ण की पत्नी उर्मिला की बारी आई, तो जैसे ही उसने गाने के लिए गला साफ किया, पतिदेव ने कमेंट पास कर दिया। बेचारी उर्मिला उसके सामने बेइज्जत होने पर रूंआसी हो गई। यह कोई नई बात न थी। कृष्ण पत्नी को बेइज्जत करने का बस मौका ढूंढता रहता। इससे जैसे उसका अहम् संतुष्ट होता था। दरअसल अब यह उसकी आदत बन चुकी थी। इसमें उसे आनन्द मिलता।

रंजिता जब शादी होकर आई थी तो अच्छा खासा बोलती थी, लेकिन पति की टोकाटोकी और हर समय हर किसी के सामने उसे बेइज्जत करने की आदत ने रंजिता का आत्मविश्वास ही मानो खत्म कर दिया। अब वह बोलते हुए हकलाने लगी थी, जिससे पति के दोस्त अशोक की पत्नी का और भी मजाक उड़ाने का अवसर हाथ लगने लगा।

ऐसे पतियों की संख्या अंतहीन है। जो पत्नी पर हर समय रौब झाड़ना, उन्हें नौकर की तरह समझना और घर के बाहर के लोगों के सामने संवेदनहीनता से उनकी बेइज्जती करते हुए उनके स्वाभिमान को ठेस पहुंचना अपना अधिकार समझते हैं। पहले जब औरतें कमाती नहीं थीं, तो वे कमाकर खिलाने के घमंड में आकर ऐसा करते थे, लेकिन फिर जैसे यही परम्परा बन गई। इसे वे अपना पौरुष समझकर करने

लगे।

कई बार पति जानते-बूझते पत्नी के प्रति इस तरह की हरकत नहीं करते । वे इस बात से अनभिज्ञ रहते हैं कि वे पत्नी के मन को इस तरह आहत कर रहे हैं । कई बार वे सिर्फ मजाक के रूप में ही ऐसा कुछ कह देते हैं, जो सरासर पत्नी के सम्मान को ठेस पहुंचा जाता है । उनके व्यक्तित्व को कुंठित कर उनमें हीनभावना उपजा देता है ।

अगर ऐसे पतियों को इस बात का अहसास दिलाया जाये, तो वे अपनी गलती सुधार लेते हैं, क्योंकि वे यह सब अनजाने में हल्के रूप में, माहौल में कुछ सरगर्मी लाने के इरादे से ही कर रहे थे । थोड़ी-बहुत चुटकी लेने में देखा जाये, तो कोई हर्ज भी नहीं । पति-पत्नी की कुछ कमजोरियों को लेकर या पत्नी पति की कुछ छोटी-मोटी लापरवाहियों को लेकर मजाक न करें, तो विवाहित जीवन ऊबाऊ हो जायेगा । लेकिन जैसे भोजन सही मात्रा में मसाले डाले जाने से ही स्वादिष्ट होता है और ज्यादा मात्रा होने पर स्वाद गड़बड़ा जाता है, ठीक उसी तरह पति-पत्नी के रिश्ते में इस तरह के चुटीलेपन का महत्त्व है ।

पत्नी को चाहिए कि पति के इस तरह हर समय उसे नीचा दिखाने के पीछे आखिर उसकी क्या मानसिकता है, यह जाने । उसकी कौन-सी बात पर वे कैसी प्रतिक्रिया देते हैं, कहीं कमी स्वयं उसी में तो नहीं । अपनी सोच व्यवहार का विश्लेषण करते हुए आत्म-मंथन करें । अगर कारण समझ में आ जाये, तो जितना संभव हो, निवारण किया जा सकता है । सीधा-सीधा उन्हें कभी दोष न दें, तोहमत न लगायें । उनका नजरिया भी जानें और समझें । न समझ में आने पर उनसे जानने का प्रयत्न करें।

यह एक तथ्य है कि मां-बाप के झगड़ों का बच्चों के मन पर गहरा दुष्प्रभाव पड़ता है । आगे जाकर वे संतुलित व्यक्तित्व विकसित नहीं कर पाते । उनका बचपन खोने लगता है । इसलिए यह जिम्मेदारी मां पर ज्यादा है कि वह बच्चों के सामने पति से जबानदराजी न करे ।

ऐसा नहीं कि आप पति की ज्यादती, मार-पिटाई या शोषण चुपचाप सह लें । नई पीढ़ी में अब पति-पत्नी ज्यादातर दोस्तों की तरह ही रहते हैं । तलाक, झगड़ा व मनमुटाव शादी के शुरुआती सालों में ही होते हैं। जब बच्चे हो जाते हैं और पति-पत्नी में प्यार व अपनापन बढ़ने लगता

है, तो बाकी बातें ज्यादा महत्त्व नहीं रखतीं ।

पति की बुराई दूसरों से कभी न करें । मजा लेने वाले बहुत मिलेंगे, सही राय देने वाला कोई नहीं । हां अपनी मां, सास (अगर वे उदार हैं, संवेदनशील है) या बड़ी बहन से आप राय-मशवरा ले सकती हैं । आपके बच्चों की तरह ही आपके पति भी आपके अपने हैं । उनकी गलतियां आप ही को सुधारनी हैं, उन्हें नजरअंदाज करना है और गलतियों का अहसास कराना है । तभी समस्या का हल निकल पायेगा ।

●●

19

दाम्पत्य-सम्बंधों की डोर मजबूती से बंधी रहे

आभा का मन उस दिन किसी काम में नहीं लग रहा था। सुबह ऑफिस जाते पति सुशांत से उसने मजाक में कह दिया था–कहीं आपके साथ मुझे देख लोग यह न कहने लगें "कौव्वे की चोंच में अनार की कली।"

अपने रंग पर पत्नी द्वारा उड़ायी गई हंसी उसके अहम् पर चोट कर गई थी। सुशांत काफी हैंडसम, स्वस्थ, भरा पूरा, ऊंचे कद का व्यक्ति था। कॉलेज में ढेरों लड़कियां उस पर जान छिड़कती थीं और आज रूपगर्विता पत्नी ने उसे कैसी चुभनेवाली बात कहकर अपमानित कर दिया है। बदले में उसने भी पत्नी को काफी कुछ सुना दिया था। अभी उनके विवाह को एक माह भी नहीं हुआ था और उसकी जरा-सी भूल के कारण बदले में उसे ढेर-सा अवसाद झेलना पड़ा।

यह तो हुई पति-पत्नी की बात लेकिन इसी तरह प्रेमी-प्रेमिका को भी खासकर सम्बंधों के शुरुआती दौर में जबकि वे एक-दूसरे को अभी ठीक से जानते भी नहीं हैं, बातचीत में सतर्कता रखनी जरूरी है। कुछ बातें ऐसी भी होती हैं, जिन्हें न बोलना ही श्रेयस्कर होता है।

हंसी मजाक मर्यादित हो :- चंचल स्वभाव की शोख अल्हड़ लड़कियां अक्सर जोश में होश खो बैठती हैं। किसी के दिल पर चोट करने वाला मजाक, मजाक नहीं, क्रूरता है। किसी के शारीरिक दोष या मजबूरी पर हंसना आपके घटिया स्वभाव का परिचायक है। वक्त किसी पर कुछ भी जुल्म ढा सकता है। आपके साथ हमेशा सब कुछ सही ही होता रहेगा, इस बात की क्या गारंटी है ? इसलिए समय रहते संभल जाइए और बाज आइए ऐसी असंवेदनशीलता से। अपने पर हंसना आपका सैंस ऑफ ह्यूमर दर्शाता है। आपके सुसंस्कृत होने का प्रतीक है।

दूसरे की भावनाओं को समझें :- कई बार देखा गया है कि अनजाने ही लापरवाही से कहा गया कोई शब्द या बात दूसरे को गहरी चोट पहुंचा जाती है । हो सकता है जो आपके मुंह से निकला हो, वैसा आप न सोचते हो । कभी आप अपनी बात ठीक से नहीं कर पाने के कारण गलत बोले हों । कभी-कभी इम्प्रेस करने के फेर में अति उत्साहित होकर आपके मुंह से कोई बेजा बात निकल जाए, लेकिन अब चुप्पी मार के बैठे रहने से भी बात नहीं बनेगी ।

देश की दुर्दशा का रोना, बढ़ते अपराधों का आतंक, मनीषा, काजोल या नाना पाटेकर की जोरदार परफार्मेंस, ये बातें ऐसी नहीं है, जो रिश्तों को पुख्ता करती हों । यह आपको स्वयं सीखना है कि कैसे और कब, क्या कहें, क्या न कहें यानी किन बातों को डिस्कस करना या एवॉएड करना चाहिए । जिनमें दूसरों की भावनाओं को समझ पाने का जन्मजात गुण होता है, वे रिश्ते बनाने और उन्हें कायम रखने में कम ही असफल होंगे ।

यूं बात न काटिए :- देखो फाल्गुनी, इस जीन में स्मार्ट लग रहा हूं न पहन कर ? सेल में कितनी सस्ती मिल गई है । अबीर ने बड़े उत्साह से अपनी प्रेमिका से यह कहकर उसकी ओर प्रशंसा की आशा लेकर देखा । तुरंत होंठ तिरछे कर फाल्गुनी ने जीन कंडेम करते हुए कहा—हूं कितना चटख कलर है । तुम पर जरा भी अच्छी नहीं लग रही है । बेचारे अबीर के सारे उत्साह पर पानी फिर गया । वह कितना खुश होकर महबूबा को अपनी पसंद दिखा रहा था ।

समस्याओं का रोना न रोयें :- हर व्यक्ति सुख चाहता है, जिसे वह जहां मिलने की संभावना हो, तलाशता है । उसी प्रकार स्त्री-पुरुष सम्बंधों में भी आपस में वे एक-दूसरे में आराम और खुशी ढूंढते हैं । एक वीपिंग पिलो प्रेमी या प्रेमिका अपने चाहने वाले को शीघ्र ही बोर करने लगेंगे । इसलिए अच्छा यही है कि अपनी छोटी-मोटी समस्याओं का रोना सम्बंधों के प्रारंभिक दिनों में बिल्कुल न रोया जाए, खासकर तब जब कि आप जानते हैं कि दूसरा इसमें कुछ नहीं कर सकता ।

नकारात्मक, आलोचनात्मक रवैय्या न रखें :- आप निस्संदेह पढ़ी-लिखी होने के कारण काफी कुछ जानकारी रखती हैं, लेकिन इसे

लेकर व्यर्थ का अहंकार पालकर बडबोलापन न दिखाएं । आपकी तीव्र पसंद नापसंद हो सकती है, लेकिन उसे उसी ढंग से उजागर करने का यह समय नहीं है ।

अपनी रुचि की बातों के बजाए साथी के इंट्रेस्ट की बातें उसे ज्यादा लुभाएंगी । यह एक मनोवैज्ञानिक तथ्य है । अधिकांश लोग अपने बारे में बातें करना पसंद करते हैं । शिष्टाचार सब का मन मोह लेता है । शिष्ट बनें । जीवन की बाजी व्यावहारिक लोग ज्यादा आसानी से जीत लेते हैं, इसलिए व्यावहारिकता अपनायें । सम्बंधों को मजबूत बनाने के गुण आपके हाथ में हैं ।

●●

20

कैसे बनती है मुकम्मल जोड़ी...

अनीश और मिशा की जोड़ी हर जगह सराही जाती, क्या जोड़ी है, कितना प्यार है आपस में, ईश्वर ने इन्हें एक-दूसरे के लिए ही बनाया है-ऐसा लोग कहते हैं, लेकिन अनीश और मिशा ही जानते हैं कि आपसी तालमेल बैठाने के लिए उन्होंने अपने को कितना बदला है, त्याग किया है और लगातार कोशिशें की हैं । तत्पश्चात प्रेम, विश्वास, सम्मान जगाकर ही वे आज एक खुशहाल वैवाहिक जीवन जी रहे हैं ।

वैवाहिक काउंसलर मिनी राय कहती हैं सिर्फ औरत-मर्द के आधार पर एक-दूसरे को स्वीकारना गलत है । यह दो बराबरी के पायदान पर खड़े इनडिविजुएल्स का मिलन है, जिसमें एडजस्टमेंट, दोनों तरफ से अपेक्षित है याने कि 'कुछ तुम झुको कुछ हम' जैसे बात है ।

विवाह पूर्व वाले सपनों के राजकुमार से जब रूबरू होकर हर दिन इंटरएक्शन होता है, तो कई बार उसकी आदतों, व्यवहार से स्वप्न भंग होते हैं, छवि धूमिल पड़ जाती है, लेकिन इससे अपने को बिखरने न देना, मजबूती से परिस्थिति का सामना करना ही विवाद की सफलता के लिए जरूरी है । पत्नी डोरमेट नहीं है, यह जुमला कितनी बार सुना जाता है कहा जाता है, कि लेकिन फिर भी परिस्थिति जस की तस रहती है । जो बात भारतीय पुरुष की साइकी में गहरे धंसी हुई है, उससे इतनी जल्दी मुक्ति कैसे मिल सकती है ? औरत लाख उन्नति कर ले, चांद-तारे छू आये, पति से ज्यादा कमा कर लाये और उसके अधिकृत हर क्षेत्र में अपनी घुसपैठ मचा ले, वह पति के लिए उसकी छाया मात्र ही है, जिसे निर्णय का अधिकार नहीं, जिसकी अपनी स्वतंत्रत अस्मिता नहीं । वह डरा हुआ हो सकता है । डरकर वह जी हुजूरी भी कर सकता है, लेकिन

जब तक भीतर से वह उसको सम्मान नहीं देता, रिश्ते में गहराई नहीं आती।

मान्या दो नावों पर सवार होने के कारण गहरे तनावों से गुजर रही है, लेकिन तेज तर्रारी बाहर तक ही सीमित रहे तो अच्छा। घर में उससे धैर्य, सहनशीलता और ज्यादा समझदारी अपेक्षित है। नारी मुक्ति का परचम लहराने वाली जमात, जिसमें आजकल पुरुषों की भागीदारी भी कम नहीं, की भड़काऊ बातों के फेर में न पड़कर अपने संस्कारों को तरजीह देकर चलें। पति को पत्नी बनाने की भूल न करें, क्योंकि कुदरत ने उसे मर्द बनाया है। तद्नुसार उसके जो चारित्रिक गुण है, उन्हें बदलकर उनके वजूद के साथ छेड़छाड़ न ही करें तो अच्छा है। ज्यादातर केस में पत्नियों के भड़काने पर ही पति भड़कते हैं। पति को तरजीह दे उनके सम्मान को आहत न करें। स्त्री शोषण, प्रातड़ना की बातों को लेकर पूर्वाग्रह न पालें। छोटी-छोटी बातों के इश्यू न बनायें। कई बातों को अगर वैसे ही छोड़ दिया जाए, तो समय के साथ सब कुछ स्वयं ठीक हो जाता है।

प्यार भी दमघोटूं हो सकता है यह सच है। अक्सर देखा गया है कि पति-पत्नी एक-दूसरे को लेकर बहुत पौजेसिव होने लगते हैं। शुरुआती दौर में तो यह सब बहुत अच्छा लगता है हालांकि। इस फेर में लड़के की मां सबसे ज्यादा अपमानित होती है। सब रिश्ते दरकिनार हो ही जाते हैं। धीरे-धीरे जैसी आज की रीत चल पड़ी है और तब पजेसिवनेस भारी पड़ने लगता है। सेलिब्रिटीज में अकसर अलगाव का कारण यह भी होता है कि एक-दूसरे की जरूरत से ज्यादा देखभाल या एकदम उपेक्षा दोनों ही स्थिति रिश्ते को कमजोर करती है।

जिस तरह जिंदा रहने के लिए, सांस लेने के लिए आक्सीजन की जरूरत होती है, उसी तरह दाम्पत्य में भी स्पेस, आक्सीजन का कार्य करती है। पति की हर बात में टांग अड़ाने की आदत से पत्नी की बहुत परेशानी हो जाती है। खासकर रिटायरमेंट के बाद जब पतिदेव बिल्कुल खाली रहने लगते हैं, तब उनके लिए बेहद जरूरी है अपने को किसी लॉबी या कार्य में व्यस्त रखना ताकि बीबी की जान बची रहे। इसी तरह पत्नी के लिए भी हर समय पतिदेव के हर कार्यकलाप पर गिद्ध दृष्टि

रखना उचित नहीं है । कोई भी पति यह सहन नहीं करेगा ।

हर रिश्ते में ताजगी के लिए स्पेस और नयापन चाहिए । पति-पत्नी का हर समय का साथ, एक-सा रूटीन, जीवन की एकरसता जीवन में ऊब भरने लगती है । इसीलिए विवाहेत्तर सम्बंध बनाये जाते हैं । झगड़े होने लगते हैं और कभी-कभी बात तलाक तक जा पहुंचती है । झगड़ों को गंभीर न बनायें, रुठे पिया को शीघ्र मना लें, पति में इगो ज्यादा होता है, यह मानकर चलें । बच्चों के आने पर पति की एकदम उपेक्षा न करने लग जायें । याद रखें 'हजबेंड्स आर लाइक फायर' अगर उन्हें केयर नहीं देंगे, तो उन्हें बुझते देर नहीं लगेगी । पति दूसरी औरत के पास अगर न भी जाए, तो नशे की लत पाल सकते हैं । दमित इच्छाएं विस्फोटक हो सकती हैं । अगर वे साथ सोना चाहते हैं, तो उन्हें झिड़के नहीं । यह एक नेचुरल ख्वाहिश है । जिसे पत्नी को नजरअंदाज नहीं करना चाहिए । अगर वह सचमुच पति को चाहती है । एक-दूसरे का प्यार और विश्वास ही उनके रिश्ते को मजबूती देता है । छोटे-छोटे सुख हंसी-मजाक, चुहल और गप्पबाजी का लुत्फ उठाएं तथा पति को रिझाए रखें । दिन की शुरुआत सुमधुर संगीत और चुटकुलों से करें । नेगेटिव विचारों को दरकिनार कर पाजिटिव सोचें और बोलने की आदत डाल लें । पति के लिए मानसिक भावनात्मक जरूरत भी बनें । उन्हें इंसपायर करें । ऐसे ही बनेगी आपकी जोड़ी मुकम्मल ।

●●

21

जीवन भर का रिश्ता होता है, पति-पत्नी का

"फेमेलियरिटी ब्रीड्स कंटेम्प्ट" यानी कि जीवनसाथी की नजदीकी कभी-कभी वितृष्णा भी जगाने लगती है । वही चेहरा, वही बातें, वही इल्जाम, सब कुछ बहुत उबाऊ-सा लगने लगता है । इससे जीवन में नीरसता आने लगती है । किसी बात के लिए मानो कोई उत्साह ही नहीं रह जाता । लेकिन रहना तो आखिर एक ही छत के नीचे है । पल-पल जीना अब भारी लगने लगे तो क्या करें ? हताशा को अपने ऊपर हावी होने देना, परिस्थितियों के आगे घुटने टेक देना, ये तो जीना नहीं ।

कमियां क्या सिर्फ दूसरे में ही है, आप बिल्कुल सही हैं, ऐसी गलतफहमी न पालें । अपने को भी एनेलाइज करे । ठंडे दिमाग से सोचने पर बातें निष्पक्ष रहकर सही परिप्रेक्ष्य में देखी जा सकती हैं । आपके व्यवहार में आया रूखापन, घर-गृहस्थी के छोटे-छोटे कार्यों को ही सब कुछ मानकर चलने जैसी मानसिकता या बच्चों और रिश्तेदार या दोस्तों को पति से ज्यादा वरीयता देना, ये सब बातें ऐसी हैं कि पति की आपसे नाराजगी का कारण बन सकती हैं ।

विवाहेत्तर सम्बंध पति-पत्नी में मनमुटाव का एक अन्य कारण है । क्यों बनते हैं, ऐसे सम्बंध ? इसके कई कारण हो सकते हैं । कभी एक ऑफिस या एक ही जगह काम करते नजदीकियां बढ़ने लगती हैं या किसी के घर अक्सर आना-जाना लगा रहता हो, तो वहां आकर्षण पैदा हो जाता है । किसी का चुम्बकीय व्यक्तित्व दूसरे को खींच लेता है, लेकिन ऐसे रिश्ते गृहस्थ जीवन को बर्बाद कर देते हैं । इनमें केवल सामयिक आकर्षण होता है । पत्नी का फर्ज बनता है कि ऐसे में कुछ धैर्य और संयम से काम ले । एकदम से बम ब्लास्ट करने से बात बिगड़ेगी ।

पति का मन धमकी देकर नहीं जीता जा सकता ।

अगर आपकी उपेक्षा पति को आपसे दूर कर रही है, तो सारे काम छोड़कर उन्हें रिझाने में लग जाइए । गृहकार्यों की तो वैसे भी कोई लिमिट नहीं होती । अगर अपने हुलिये की तरफ से आपने आंखे बंद कर रखी हैं, तो अपनी साज-संवार की तरफ ध्यान देना शुरू कर दे, क्योंकि फूहड़ स्त्री को कोई भी पति पसंद नहीं करता । विषम परिस्थितियों का मुकाबला करने के लिए हर कोई अपने को सक्षम नहीं समझता यानी कि आत्मविश्वास की कमी व्यक्ति को कई बार पलायनावादी बना देती है । "घर में आग लगी हो तो बुझाने के बजाय क्या कोई अपना घर जलता हुआ छोड़ कर भाग जाता है ?" डॉक्टर शीना ने अपने पति पर यह कमेंट करते हुए मिसेज भल्ला से सवाल किया ।

दरअसल हुआ यह था कि शीना का पति राहुल अपना नर्सिंग होम बनाने के फेर में कर्ज में डूबता चला गया और जब सिचुएशन हाथ से बाहर हो गई, तो सब कुछ छोड़-छाड़कर दूसरे शहर में पलायन कर गया। हालांकि राहुल और शीना एक-दूसरे से बेहद प्यार करते थे फिर भी...।

मिस्टर नैथानी अच्छी खासी समर्पित पतिपरायण पत्नी को छोड़कर ऋषिकेश के कुछ साधुओं के चक्कर में फंसकर आश्रमवासी बन गए और जब वह आश्रम में बीमार रहने लगे, तो आश्रमवासी खुद उनकी सेवा करने के बजाय उन्हें उनकी पत्नी के पास ही वापस छोड़ गए ।

शतेन शांत स्वभाव का था, पर पत्नी उसे पूरी लड़ाका मिली । रोज-रोज की कलह से तंग आकर शतेन ने अपना ट्रांसफर दूरदराज के एक गांव में करवा दिया । शतेन के चले जाने से घर की सारी जिम्मेदारियां और बच्चों की देखभाल जब पत्नी को अकेले करनी पड़ी, तब जाकर उसे पति की कद्र मालूम हुई ।

नाटे कद के राज का रंग बिल्कुल उल्टे तवे जैसा था । नैन-नक्श भी अच्छे नहीं थे । कुल मिलाकर वह बिलो एवरेज लुक्स का था, जबकि उसकी बीबी नंदिता बहुत सुंदर थी । वह हमेशा राज की खिल्ली उड़ाती, लेकिन जब नंदिता को कैंसर जैसी घातक बीमारी ने जकड़ लिया, तो राज ने ही रात-दिन एक करके उसका अच्छे से अच्छा इलाज कराया

और उसकी खूब सेवा की। राज की सेवा और डॉक्टरी इलाज से वह पूर्ण स्वस्थ हो गई। अब उसकी आंखे खुल गई थी। उसे लगा कि वह कितनी नादान थीं, जो अब तक पति के भीतरी सौन्दर्य को न देखकर उसके केवल बाह्य रूप को ही देख रही थी।

पति-पत्नी का रिश्ता जीवन भर का होता है। उसे सरस बनाने और उसमें विविधता लाने का प्रयास सतत करना पड़ता है और यह नयापन ड्रेस, खाने-पीने, गृहसज्जा, सैक्स तथा रोजमर्रा के एक जैसे रुटीन में बदलाव से लाया जा सकता है। आप खुद पर नैगिंग वाइफ का ठप्पा न लगने दें।

हर समय कुड़कुड़ करते रहना, छोटी-मोटी बीमारी का रोना लेकर बैठ जाना, हर समय शिकवा-शिकायत करते रहना, झूठे-सच्चे इल्जाम लगाकर एक-दूसरे को कटघरे में खड़ा करना, ये बातें जीवन के रस को सोखकर जीवन में कड़वाहटें पैदा करती हैं।

बातों को सकारात्मक रखने का प्रयत्न करें। आपस में गपशप की आदत डालें। फिल्म, फैशन, देश-दुनिया, कला, संगीत इत्यादि पर बातें आपस में तू-तू, मैं-मैं से बचाएंगी तथा वातावरण सौजन्यतापूर्ण तथा खुशगवार रखेंगी। सम्बंधों में ताजगी बरकरार रखने के लिए हंसी-मजाक, चुहलबाजी और खिलंदड़पन से परहेज न करें। एक-दूसरे के लिए विभिन्न अवसरों पर उपहार दें। 'आई लव यू' जब भी, जितना भी बोलें कम है। प्यार के इजहार में कोताही बिल्कुल न बरतें।

गुस्से में भी बोली न बिगड़ने दें। भारी आवाज को भी मधुर बनाया जा सकता है। रस घोलती आवाज भला किसे अच्छी नहीं लगेगी। माना कि हर समय मीठा और मधुर बोलना संम्भव नहीं, लेकिन यहां बात प्रयास की है। प्रयास करते रहने से यह आदत बन जाती है। दाम्पत्य में जीवंतता बनी रहे और सुख-शांति रहे, ऐसा तो आखिर सभी पति-पत्नी चाहते हैं और यह इजहार कि जी नहीं सकते हम तुम्हारे बिना, इस रिश्ते को मुकम्मलता प्रदान करता है।

●●

22

पत्नी से बलात्कार अमानवीय

सीमा के विवाह को दस वर्ष हो चुके हैं । चार बच्चे हैं । उनका संयुक्त परिवार है और घर इतना बड़ा नहीं जहां बहुत प्राइवेसी हो । पति को यह दिखाई नहीं देता । बिजनेस होने से समय की ऐसी खास पाबंदी भी नहीं है । पति महोदय को वक्त बेवक्त हमबिस्तर होने का जुनून चढ़ा रहता है । कमरे से निकलने के बाद सीमा जवान ननदों और देवर से आंख नहीं मिला पाती, लेकिन पति महोदय को इस बात से कोई सरोकार नहीं । उन्हें तो बस अपनी इच्छा-पूर्ति चाहिए ।

आखिर हम सभ्य समाज में रहते है, जहां सबसे शालीनता के दायरे में रहना अपेक्षित है । मगर चूंकि समाज में पुरुषों का ही वर्चस्व रहा है, सैक्स के मामले में भी पति की चाहत ही सर्वोपरि है । स्त्री को अपनी इच्छा-अनिच्छा प्रकट करने का अधिकार नहीं ।

सैक्स के साथ मर्द की मर्दानगी जुड़ी होती है । उसका अहम् उसे यह मानने पर उकसाता है कि वे जितने ज्यादा सैक्सुअली एक्टिव होंगे, वे उतने ही बड़े मर्द सिद्ध होंगे । कई प्रसिद्ध हस्तियां, जैसे गायक, कलाकार, लेखक, खिलाड़ी, लाइमलाइट में रहने वाले ग्लैमरवर्ल्ड से जुड़े लोग अपने विवाहेत्तर सम्बंधों का बड़े फख से ढिंढोरा पीटते हैं । इसके पीछे भी यही कारण है, अपनी मर्दानगी का प्रदर्शन ।

सैक्स करना या न करना पति-पत्नी दोनों की सम्मिलित रजामंदी पर निर्भर होना चाहिए । इसमें पति की जबर्दस्ती, बलात्कार की श्रेणी में आती है । माना यह पति-पत्नी का वैयक्तिक मामला है और भारतीय नारी में असीम सहनशीलता होती है । कुछ समय तक वह हर अपराध को माफ भी करती है और ऐसा करना शायद कुछ हद तक उसके हक में

ही होगा। जरा-सी बात का बतंगड़ बनाना या बनाने के लिए उकसाना कतई ठीक नहीं, लेकिन हर चीज की सीमा होती है। पति अगर ज्यादती पर उतर आये, तो उसे सबक सिखाना ही चाहिए। यहां कानून भी स्त्री के हक में है।

एक सर्वेक्षण के अनुसार भारत में 35 प्रतिशत पत्नियां बलात्कार की त्रासदी से गुजरती हैं, लेकिन वे इसे एक अत्यंत व्यक्तिगत गोपनीय मामला मानकर कानून की शरण में जाने से साफ इंकार करती हैं।

इंडियन पेनल कोड की धारा 375 के अधिनियम के अंतर्गत बलात्कार के जुर्म में पति को अपराधी माना जायेगा और धारा 375 के तहत दोषी साबित होने पर पति को सात या चौदह वर्ष तक की कठोर सजा हो सकती है।

इसके अलावा पत्नी को उसकी इच्छा के विरुद्ध सैक्स के लिए प्रताड़ित करना, खामोशी से अपनी बात मानने के लिए धमकाना भी काननून अपराध है। इसके लिए इंडियन पेनल कोड की धारा 302 लागू हो सकती है। यह पति-पत्नी दोनों के संदर्भ में समान रूप से लागू होगी।

सैक्स आज भी सभ्य समाज में वर्जित विषय है। शर्म और लोग क्या कहेंगे, सोचकर पति द्वारा बार-बार बलत्कृत होने पर भी स्त्रियां कोर्ट में जाने की हिम्मत नहीं जुटा पातीं। यहां तक कि वे किसी से भी उसका जिक्र तक नहीं करतीं। चाहे वे बाह्य रूप से कितनी ही आधुनिक ही क्यों न दिखती हों, भीतर से वे इतनी बोल्ड कहां हो पाती हैं।

पति की तरफ से सैक्स में अति होने पर स्त्री के शरीर और मन दोनों पर बुरा प्रभाव पड़ता है। अगर स्त्री न कहती है, तो पति को इस पर विचार करना चाहिए कि जरूर कोई कारण होगा। जहां खुशनुमा सैक्स पति-पत्नी दोनों के स्वास्थ्य के लिए अच्छा माना जाता है, वहीं पति द्वारा की गई जबर्दस्ती स्त्री को बेहद तनावग्रस्त, डिप्रेस्ड और चिड़चिड़ा बना देती है। उसे लगता है मानो उसकी कोई अहमियत ही नहीं। पति की हवस शांत करने का माध्यम भर है।

उसे शारीरिक व्याधियां घेर सकती हैं। उचित हारमोनल स्राव के अभाव में उसे लोकल घाव और यूरिन इंफेक्शन हो सकता है। गर्भाशय

की प्रॉब्लम्स हो सकती है ।

कई पति सैक्स को लेकर मनोविकृतियों के शिकार होते हैं । अप्राकृतिक सैक्स में वे आनंद ढूंढते हैं, चाहे पत्नी को कितनी ही तकलीफ क्यों न हो ।

कई बार पति से ज्यादा कमाने वाली, उसे ज्यादा इंटैलिजेंट पत्नी को पति नीचा दिखाने के लिए सैक्स को हथियार की तरह इस्तेमाल करता है ।

स्त्री का कसूर यहां पति से वनअप होना है । यह महज पति के दिमाग का फितूर हो सकता है ।

स्त्री के लिए सैक्स महज शारीरिक क्रिया ही नहीं, पति से लगाव, प्यार का इजहार है । पति जब इसे पावर गेम मानकर या मेकेनिकल एक्ट बनाकर अपनी असंवेदनशीलता का परिचय देते हुए रौंदता है, तो वह तड़प उठती है । जबर्दस्ती तो जानवर भी नहीं करते, फिर पति तो पुरुष है, जिसके पास ईश्वर प्रदत्त अहसास होते हैं, सोचने-समझने की शक्ति होती है । वह बलात्कार द्वारा पत्नी की नजरों में अपने को नीचे गिरा लेता है ।

कई बार ओवर सैक्स्ड या नॉर्मल होना किसी पति के अपने वश की बात नहीं होती । वह पत्नी को नुकसान नहीं पहुंचाना चाहता, न ही उसका दिल दुखाने जैसी उसकी मंशा होती है, पर उसका अपने पर नियंत्रण नहीं होता । ऐसे में उसे जरूरत है कुछ काउंसलिंग, कुछ डॉक्टरी सलाह की । आयुर्वेद में भी ऐसी समस्याओं का समाधान है ।

पत्नी की भी इच्छा-अनिच्छा हो सकती है, पति को यह नहीं भूलना चाहिए । पति-पत्नी की शरीर की मांग अलग-अलग वक्त में हो सकती है । जैसे और बातों में पति-पत्नी तालमेल बिठाकर चलते है, सैक्स में तालमेल होना जरूरी है । तभी वैवाहिक जीवन सफल हो पाएगा । उसमें पूर्णता आ सकेगी । सैक्स दोनों की बायलॉजिकल नीड है । यह भी एक किस्म की भूख है, जिसे तृप्ति चाहिए । एक खूबसूरत अहसास को सिर्फ थोड़ी-सी नासमझी के कारण बदमज़ा न करें ।

बलात्कार एक नेगेटिव एक्ट है, जो नफरत से जुड़ा है । जहां सच्चा प्यार है वहां समन्वय परमानंद बन जाता है, बलात्कार की तरह एक के लिए सेडिस्टिक प्लेजर और दूसरे के लिए चोटिल अहसास नहीं । ●●

23

पति-पत्नी के झगडें में दोषी केवल पत्नी मानी जाती है

प्लीज बिटटू को जल्दी से जूते पहना दें रवि, मैं ब्रेकफास्ट तैयार कर रही हूं। कहीं 'आटोवाला न आ जाए।' सौम्या ने किचन से आवाज लगाई।

देखो यार ! ये बिटटू-विटटू का काम तुम मुझे मत बताया करो, जूते पहनाना योअर ड्यूटी। तुम्हें मालूम है बॉस को देर से आने वालों से सख्त एलर्जी है। लेकिन मैं व्यस्त हूं। मुझे आठ वाली बस पकड़नी है। हमारी हेड मिस्ट्रेज मिसेज लूथरा का गुस्सा क्या तुम जानते नहीं ?

'देट्स योअर प्रॉब्लम' कहकर रवि नाश्ते में जुट गया। 'ये टोस्ट सेके हैं ? इनसे तो चमड़े के जूते चबाना ज्यादा आसान होगा। हरीश की बीबी उसे रोज नई-नई चीजें बनाकर खिलाती है। तुमसे तो ढंग से ब्रेड भी नहीं सेंकी जाती...' यह कहकर रवि गुस्से में नाश्ता बगैर किये ही चल दिया।

सौम्या के गले में कुछ फंस गया। आंसू बहाने के लिए भी तो फुर्सत चाहिए। जो उसके पास कभी नहीं होती। पहले सिर्फ दो बेटियां थीं। कैसे भी कर वह घर-दफ्तर दोनों संभाल रही थी। रवि को बेटा चाहिए था। बेटियां पैदा करने के लिए रवि उसे हर समय किसी न किसी बहाने कोसता रहता। बिटटू हुआ तो कम से कम इस दोष से तो वह बरी हो गई, लेकिन अब कार्यभार बढ़ने से वह रवि की फरमाइशें पहले की तरह पूरी नहीं कर पाती थी, इसलिए आरोपों का नया सिलसिला चल पड़ा। तुम काहिल हो, सुस्त हो... फूहड़ हो... किसी काम की तमीज नहीं... बस तुम्हें अपनी नौकरी से मतलब है। पति साला जाए भाड़ में। तुम्हारा ये फीका बेस्वाद खाना मैं नहीं खा सकता... कई बार रवि ने खाने की थाली गुस्से में पटक दी थी।

अपनी जायज बात कहने के कुछ सभ्य तरीके भी होते हैं, ये क्यूं भूल जाते हैं मर्द ? क्या औरत पर हुक्म चलाना, उसे अपनी सेवा टहल का एक साधन मात्र समझना, इसी में वे अपने पुरुषत्व का बड़प्पन समझते हैं ?

ऐसी स्थिति में दो बातें ही हो सकती हैं। पत्नी बेवजह दोषी ठहराये जाने पर पलटकर वार करे या खामोशी से अपने आंसू पी जाए। सौम्या को आंसू पीने की आदत हो गई, इसीलिए उसकी गृहस्थी युद्ध का मैदान बनने से बची हुई है।

लेकिन हर स्त्री में धैर्य नहीं होता। वे फिजूल के दोषारोपण का डटकर प्रतिरोध करती हैं। बात बढ़ती है, तो पति महाशय बेकाबू होकर पत्नी पर हाथ तक उठा देते हैं। वह रूठकर मायके चली जाती है। पति अपनी भूल पर पछताते हैं। मान मनोव्वल करके पत्नी को वापस ले आते हैं। ऐसा हो तो मामला गंभीर नहीं होता और उनका दाम्पत्य जीवन टूटकर बिखरने से बच जाता है।

ऐसे भी पुरुष हैं जो अपनी गलती का अहसास हो जाने पर भी अहं के वशीभूत झुकने में अपनी हेठी समझते हैं। उधर पत्नी अपने अहंकार को लेकर बैठी रहे, तो मामला तलाक तक जा पहुंचता है। पुरुष फिर भी अकेला रह सकता है, किन्तु नारी खासकर तलाकशुदा हो, तो समाज उसे कौंच कौंचकर घायल कर देता है। इसी डर से स्त्री बेकसूर होकर भी पुरुष के जुल्म सह जाती है। पुरुष की हिटलरशाही, उसका अहंकार नारी को कितनी पीड़ा, संत्रास देता है काश, वह समझ पाता। स्त्री का संत्रास तब और भी बढ़ जाता है, जब वह घर बाहर की दोहरी जिन्दगी में पिस रही हो। हर समय वह गहरे तनाव में घिरी रहती है। यह तनाव उसका समस्त जीवन रस सोख लेता है।

आधुनिकता का दम भरने वाले, ऊपर से नारी स्वातंत्र्य के हिमायती पुरुष भी स्त्री को वास्तव में दोयम दर्जे का नागरिक ही मानते हैं। उसकी अपनी भी अस्मिता है, इस बात को उनका अहंकार स्वीकार नहीं कर पाता। अपनी मसल पावर के बल पर वह उस पर हावी होना चाहता है। सीधी सादी गृहिणी टाइप औरतें जो पति को परमेश्वर मानकर चलती हैं दरअसल वे ही उनके लिए आदर्श पत्नी साबित होती हैं चूंकि वे आर्थिक

रूप से पूर्णतः पति पर निर्भर होती हैं । उसकी सही-गलत बात हर तरह का दोषारोपण झेलती हैं, पति की नाराजगी से वे खौफ खाती हैं, इसलिए दबी रहती हैं । अपनी हर जरूरत के लिए आखिर उन्हें पति का मुंह ही देखना होता है, लेकिन इस तरह रहते हुए वह पति की छाया मात्र बनकर रह जाती हैं, उनका अपना व्यक्तित्व उभर नहीं पाता । मानसिक रूप से वे पंगु हो जाती हैं । दोष मढ़ते, नीचा दिखाते, व्यंग्य बाण चलाते पति, पत्नी का मनोबल बिल्कुल तोड़कर रख देते हैं । चूंकि इसी में उन्हें अपना फायदा नजर आता है । पैर की जूती का ठप्पा इस तरह की कमजोर मानसिकता वाली स्त्री पर लगाना फिर बड़ा आसान हो जाता है ।

पत्नी सर न उठा सके, इसके लिए पति की चालाकियां भी कैसे-कैसे बहाने खोज लेती हैं । अपने काम में सफलता न मिली तो दोष सरासर पत्नी को है । रोजमर्रा के जीवन में छोटी-मोटी समस्याएं खड़ी होती ही रहती हैं, उन सब के लिए पत्नी ही दोषी करार दी जाती है, क्योंकि वही उसे इजी टारगेट नजर आती है इस तरह वह अपना सारा तनाव क्षोभ फ्रस्टेशन उसी पर खाली करता है । यही नहीं उसका शंकालु स्वभाव यह भी सहन नहीं करता कि वह किसी गैर मर्द से हंसकर बात कर ले, जबकि नौकरीपेशा औरतों के लिए यह जरूरी हो जाता है । विडम्बना यह है कि अपने आप वह परायी स्त्रियों, ऑफिस की कलीग, पास-पड़ोस, जान पहचान की स्त्रियों से खूब बेतकल्लुफी से बातें करता है । हंसीमजाक चुहल सभी कुछ करता है । यहां तक कि किसी को मिस्ट्रेस तक बनाकर रख सकता है ।

अपने गल्तियों को ढांपने के लिए वह पत्नी को ही दोषी ठहराता है। इस तरह बड़ी सफाई से वह अपने को बचा लेता है । पत्नी अगर अपने प्रोफेशन में तरक्की करे, उससे ज्यादा कमाने लगे, यह भी उसे सहन नहीं होता । खुश होने के बजाय उसमें हीन भावना घर कर जाती है । वह पत्नी को व्यंग्य बाणों से प्रताड़ित कर, कभी-कभी मारपीट तक करके अपने अहं को संतुष्ट करता है ।

पत्नी चूंकि नारी है, दया-क्षमा के गुण उसमें जन्मजात हैं, पति इसका फायदा उठाता है । नारी पीड़ा को अपनी नियति समझ बैठती है। लेकिन यह अत्याचार आखिर कब तक चलेगा । क्या अब वह समय नहीं

आ गया कि पति इस बात को समझे कि नारी भी इंसान है कोई खिलौना या कठपुतली नहीं । उसका भी मन है, जो आहत होने पर तड़पता, कलपता है । फिर गलितयां इंसान से ही होती हैं । जैसे उनकी गलितयां वह नजरअंदाज कर जाती है, उसी तरह उसकी छोटी-मोटी गलितयों को वो भी नजरअंदाज करना सीख ले या फिर आपसी प्रेम प्यार, सद्भाव से विश्वास में लेकर सहानुभूति पूर्वक हल्के अंदाज में उसकी गलितयां यूं बताई जाएं कि वह दोषारोपण न लगकर मजाक का हिस्सा लगे । ऐसा अगर हर पति करने लगे, तो वह देखेगा कि पत्नी कैसे उस पर हर पल अपना प्यार लुटाती है ।

●●

24

सफल दाम्पत्य के लिए

अक्षत और आशिमा की शादी को चालीस वर्ष होने को आए हैं। दोनों बेटे अपनी-अपनी गृहस्थी में रम गए। अक्षत को नौकरी से रिटायर हुए पांच बरस हो जाएंगे। वे एक बड़ी कम्पनी के जनरल मैनेजर के पद से रिटायर हुए हैं। दोनों पति-पत्नी के दाम्पत्य जीवन में कई उतार चढ़ाव आए हैं।

अफसरी के अहंकार में अक्षत का बिहेवियर आशिमा के साथ कई बार बहुत अनुचित रहा, लेकिन चूंकि आशिमा बेहद सहनशील और धैर्यवान स्त्री रही हैं, उन्होंने अपने दाम्पत्य को बिखरने नहीं दिया। वह बाद में पति के शांत होने पर आराम से डिस्कस कर उन्हें उनकी गलतियां बता देतीं।

अक्षत स्वभाव से गुस्सैल थे। उन्हें अपने क्रोध पर जरा भी काबू न था। वैसे वे स्वभाव के बहुत अच्छे थे। हमेशा दूसरों का सोचने वाले कर्मठ कर्त्तव्यपरायण और साफ दिल के थे। उनके इन्हीं गुणों पर पत्नी फिदा थी। वह इस बात को अच्छी तरह रिएलाइज करती थी कि पति के पास सोने का दिल है। उनकी तपस्या का फल उन्हें बुढ़ापे में मिल रहा था। आज की तारीख में पति उनके बेदाम के गुलाम बन गए थे, पूरी तरह समर्पित उन पर जान छिड़कने वाले।

अब पत्नी का अपर हैंड था लेकिन आशिमा इसका बेजा फायदा नहीं उठाती थीं। वे भी पति का उतना ही आदर करतीं। उन्हें मन से प्यार करती थीं। अब वे दूध-पानी की तरह एक दूसरे में समाहित युगल थे, जो पल भर अलग नहीं रहते थे। अपनी हर बात हर सुख-दुख शेयर करते थे। खूब खुश रहते हंसते-बतियाते, लोगों की अच्छाई-बुराई की

विवेचना करते । फिल्म, समाज, म्यूजिक, साहित्य, मनोविज्ञान और करंट टॉपिक्स पर डिस्कस करते । साथ-साथ गाते, नाचते, देश-विदेश घूमते और खेलते । जिन्दगी का सफर सुहाना कट रहा था ।

सब्र और धैर्य :- आज कितने लोगों का दाम्पत्य सुहाना है ? जिस तरह आशिमा ने सब्र और धैर्य से काम लिया, आजकल की युवतियों में यह क्वालिटी देखने को नहीं मिलेगी, क्योंकि उनमें आर्थिक स्वातंत्र्य को लेकर अहंकार समा गया है । फिर स्त्रियों को समाज में बराबरी का दर्जा दिलाने वाली संस्थाओं की प्रेजुडिस्ड महिलाएं उन्हें गलत राह दिखाने में कोई कसर नहीं छोड़ती । लेकिन अपने भले-बुरे की समझ उनमें होनी चाहिए, जो सिर्फ उन्हें घर-परिवार से मिल सकती है । स्कूल कॉलेजी शिक्षा को नैतिकता और उनके व्यक्तित्व से कुछ वास्ता नहीं होता । वे सिर्फ नौकरी दिलाने के लिए हैं ।

दोस्तों की तरह रहें :- घर में एक खुशी भरा माहौल तभी रहेगा जब पति-पत्नी जिगरी दोस्त बनकर रहें । पति अपनी परमेश्वरी के दिन भूल जाएं । पत्नी को डोरमैट समझने की भूल न करें । उसे पूरा मान सम्मान दें और उसकी राय को महत्त्व दें ।

आज पति-पत्नी दोनों नौकरी पर जाते हैं । पति को चाहिए कि पत्नी पर घर-बाहर दोनों की जिम्मेदारी पूरी तरह न डालें, बल्कि घर के काम में उसका हाथ बंटायें । उसे कैरियर में आगे बढ़ने के लिए सहयोग दें और प्रोत्साहित करें । पत्नी को भी पति की भावनाओं को समझना चाहिए और उनके मूड की परवाह करनी चाहिए । अगर उन्हें ऑफिस की कोई टेंशन है, तो उन्हें सांत्वना देनी चाहिए ।

सैक्स लाइफ को उपेक्षित न करें :- सैक्स सिर्फ मनोरंजन ही नहीं बल्कि शरीर की जरूरत है । यह एक शारीरिक व मानसिक व्यायाम है, जो तन और मन को रिलैक्स करता है । शरीर मन व दिमाग को स्वस्थ रखता है, पति-पत्नी में नजदीकियां बढ़ाता है और टेंशन, चिंता दूर कर पति-पत्नी को तरोताजा रखता है । सैक्स को वैवाहिक जीवन का आधार स्तंभ माना जाता है । उम्र भले ही कितनी हो, शारीरिक सम्बंधों को उपेक्षित न करें, नहीं तो दाम्पत्य में दरार आते देर नहीं लगेगी ।

दाम्पत्य में उपहारों का महत्व :- उपहारों से एक-दूसरे के प्रति

प्यार बढ़ता है, खुशी मिलती है । लगता है कि साथी को मेरा कितना ख्याल है । दरअसल जीवन के ऊबाऊपन को मिटाने का यह एक कारगर तरीका है । जन्मदिन पर दोनों को उत्सुकता रहती है कि उन्हें क्या गिफ्ट मिलने वाला है । गिफ्ट रैपर को खोलने का रोमांच महसूस ही किया जा सकता है । गिफ्ट की कभी कीमत न देखें, बल्कि वह प्यार देखें, जो उसमें समाहित है ।

एक दूजे के लिए समय निकालें :- आज की व्यस्त जिन्दगी में समयाभाव रहता है । लेकिन फिर भी साथी के साथ ज्यादा से ज्यादा वक्त बिताने का प्रयत्न करें । ये पल अनमोल हैं, ऐसा मानकर चलें । साथ रहते साथी को स्पर्श की अनुभूति दें । उनसे लिपटना, चिपटना, चुंबन देना, ये सब ऐसी अदाएं हैं, जिस पर हर पति फिदा होगा । गलतफहमियां नहीं पनपेंगी । जो हैं वो दूर होंगी ।

अपनी खुशी और गम दोनों साथी के साथ बांटें । उनकी परेशानियों को समझें और उचित राय दें । खुशी बांटने से दुगनी हो जाती है और गम आधा । एक दूसरे का सहारा बनेंगे, तो सुरक्षित अनुभव करेंगे ।

●●

25

घर से दूर-दूर रहना क्यों पसंद करते हैं वो ?

वन्या अपनी सखी सागरिका से फोन पर बात करते-करते रुंधे गले से बोली, 'यह सब मैं सिर्फ सुना करती थी, लेकिन मेरे अपने जीवन में भी यही सब घटेगा, इसकी तो मुझे जरा भी कल्पना तक न थी । अनुश बहुत बदल गए हैं । उन्हें घर से ज्यादा यार-दोस्त प्यारे हैं । उनका बस चले, तो वे घर न लौटकर उन्हीं के साथ अपना सारा समय गुजारते रहें ।'

वन्या ही नहीं, यही शिकायत कई महिलाओं को अपने पति से होती है कि विवाह के कुछ समय बाद वे घर से विमुख होने लगते हैं । अगर ऐसा होता है, तो पत्नी को कुछ आत्मावलोकन करना चाहिए कि आखिर कसूरवार कौन है ? क्या दोष केवल पति का है या ज्यादा उनका स्वयं का है ।

कई औरतें गर्म मिजाज की होती हैं । उन्हें चैन से बैठना नहीं सुहाता । हर बात को नकारात्मक दृष्टिकोण से देखना, शक करना, हमेशा गलत ही सोचना और फिर उन बातों को लेकर अपना विरोध प्रकट करते हुए लड़ना-झगड़ना । अब जब घर में यह आलम हो, तो स्वाभाविक-सी बात है कि पति इससे बचना ही चाहेगा । ऐसी स्थिति से पलायन पसंद करेगा ।

कुछ औरतें हद दर्जे की कामचोर होती हैं । घर बिखरा पड़ा रहे, सारी चीजें इधर-उधर पड़ी रहें, मैले कपड़े पड़े हों, दाई के न आने पर जूठे बर्तनों का ढ़ेर लगा हो, वे बस आराम से टीवी देखती रहेंगी या पड़ोसन से गपशप करती रहेंगी या फोन पर पीहर वालों से बतियाती मिलेंगी । न समय पर खाना बनेगा, न नाश्ता । ऐसा माहौल पति को घर से विमुख कर दे, तो क्या आश्चर्य ! घर में दो-चार बच्चे हुए तो स्थिति

और भी विकट हो जाती है । उन्हें भी फिर खेल का मैदान या दोस्तों का घर ज्यादा अच्छा लगेगा या फिर वे भी टी.वी. से चिपके रहना पसंद करेंगे ।

कई बार आर्थिक तंगी और ढ़ेर-सी जिम्मेदारियों के चलते भी पुरुष घर पर रहना पसंद नहीं करते, क्योंकि ये चीजें उन्हें तनावग्रस्त करती हैं । हर व्यक्ति शांति और सुकून की खोज में रहता है और जब ये उसे घर में प्राप्त नहीं होते, तो वह उन्हें घर से बाहर तलाशता है ।

एक प्राइवेट फर्म में क्लर्क के ओहदे पर कार्यरत समीर घर में अकेला कमाने वाला है और खाने वाले सात सदस्य हैं, जिनमें बूढ़े माता-पिता भी शामिल हैं । मां क्रॉनिक खांसी-दमा की मरीज हैं, पत्नी को ब्लडप्रेशर की शिकायत है, पिता का हार्ट का ऑपरेशन हो चुका है । ऑफिस में उसका बॉस पूरा डिक्टेटर है । हमेशा उस पर काम का अतिरिक्त बोझ डाले रहता है और हमेशा उसके काम में गलतियां निकालकर उसका मॉरल डाउन करता रहता है । ऐसे में उसे अनीशा का साथ सुकून देता है । अनीशा उसी के ऑफिस में काम करती है । वह अक्सर उसे अपने घर बुलाती रहती है ।

रजत के छोटे से फ्लैट में आए दिन उसके ससुरालियों का जमावड़ा लगा रहता है । इससे रजत को बहुत असुविधा महसूस होती है । रजत शुरू से कुछ रिजर्व नेचर का रहा है, सो खुलकर उन्हें आने से मना भी नहीं कर सकता, मगर ऐसे में उसे अपना ही घर पराया-सा लगने लगा है । पत्नी भी तब उसकी परवाह करना छोड़ देती है ।

यह सच है कि कई बातों पर औरत का बस नहीं होता, लेकिन कुछ बातों पर तो वह ध्यान दे ही सकती है । कुछ आदतों को कल्टीवेट करके पति को बांधे रख सकती है । घर में एक सुखद प्यार भरा वातावरण बनाए रखने का प्रयत्न तो वह कर ही सकती है । अपनत्व और बातों में माधुर्य भला किस पति को नहीं लुभाएगा । पत्नी को अपना प्रेमिका का रूप हमेशा बरकरार रखना चाहिए । अगर बच्चे प्यार और ध्यान बंटाने आ गए हैं, तो क्या हुआ । पति को भी बच्चा ही मानकर चलें । यह एक मनोवैज्ञानिक तथ्य है कि हर पुरुष में कहीं न कहीं एक किशोर जीवित रहता है ।

पति की भावनाओं को समझें, अपने में ही इतनी लीन न रहें कि इससे हटकर कुछ सोचने-देखने की क्षमता ही न रहे । औरत रोकर अपना दुख हल्का कर लेती है, लेकिन पुरुष को यह सुविधा नहीं है । 'छीः ! लड़का होकर लड़कियों की तरह रोता है' बचपन में कहा गया यह वाक्य उसे हमेशा याद रहता है ।

घर 'स्वीट होम' लगे, इसकी जिम्मेदारी पत्नी की ही मानी जाती है। चाहे वह होम मेकर है या नौकरीपेशा, ईश्वर ने उसे वह इंस्टिंक्ट्स दी हैं। लड़के तोड़फोड़ करते हैं, इसमें भी कुदरत का कुछ लॉजिक है, क्योंकि आगे जाकर उन्हें रफ-टफ काम करने हैं । वे इसी तरह सीखते हैं । अगर बराबरी की दम भरती लड़कियां भी वह सब करेंगी, तो वे 'होममेकर' न होकर 'होमब्रेकर' ही बनेगी ।

इसलिए प्रकृति के साथ चलिए । उसने आपको जैसा बनाया है, सहनशील, रचनात्मक, ममता, करुणा की मूर्ति, अन्नपूर्णा, वैसी ही रहेंगी तो अपनी कशिश बनाए रहेंगी । घर घरवाली से ही है और अगर घरवाली में ये खूबियां हों, तो पति उसके आकर्षण की डोर से बंधे अपने आप उसकी ओर खिचे आएंगे ।

●●

26

विवाह के बाद यह फिसलन क्यों

रहेजा मैडम कॉलेज में अपने गुस्सैल चिड़चिड़े मिजाज तथा अपने रिजर्व्ड नेचर के लिए काफी बदनाम थीं ।

लड़कियां हंसी-मजाक चुहलबाजी करतीं । ऐसे में कहीं भूले से भी रहेजा मैडम का नाम किसी लड़की की जुबान पर आ जाता, तो फौरन लड़कियों में से कहीं कोई टोक बैठती "अरे किस मनहूस का नाम ले लिया । सारा मजा किरकिरा करके रख दिया ।"

मनोविज्ञान में मेरी शुरू से ही रुचि रही है । किसी को सीधे-सीधे कंडेम कर उससे नफरत करना मुझे कभी गवारा नहीं रहा । हर इंसान खुश रहना चाहता है, मिलजुलकर रहना चाहता है । मुझे लगा रहेजा मैडम के इस तरह के व्यवहार के पीछे जरूर कोई कारण है । अब मैं कॉलेज में भरसक इस प्रयत्न में रहती कि किसी तरह रहेजा मैडम के करीब आऊं । उनका विश्वास प्राप्त कर उनकी पिछली जिन्दगी के बारे में कुछ जान पाऊं । उस मजबूत किले के भीतर कहीं से कोई प्रवेश पा जाऊं, जिस किले में मैडम ने अपने को कैद कर रखा है ।

बड़े दिन की छुट्टियों में मम्मी-पापा का कुछ अन्य रिश्तेदारों के साथ शिखरजी की यात्रा पर जाने का प्रोग्राम बन गया । मजबूरन मुझे होस्टल में ही रुकना पड़ा । शाम को अक्सर मैडम टहलते हुए मिल जातीं । हम फिर साथ ही घूमते । उन्हें मेरी कम्पनी अच्छी लगने लगी थी । एक दिन उन्होंने मुझे अपने कमरे पर चाय के लिए बुलाया । अत्यन्त संवेदनशील स्नेहमयी और स्वाभिमानी आज मैंने उन्हें दूसरी ही नारी के रूप में देखा ।

"शिवाली, तुम्हें देखकर न जाने क्यूं मुझे हमेशा अपनी छोटी बहन

सुगंधि की याद आ जाती है ।"

"मैडम, आप उन्हें कभी अपने पास बुला क्यों नहीं लेती"–मैंने उनकी बात से उत्साहित होकर उन्हें सुझाव दिया ।

एक ठंडी विश्वास छोड़ते हुए वे बोली–"कैसे बुलाऊं । उन सब लोगों के लिए तो मैं मर चुकी हूं ।" मेरी अनभिज्ञता का अहसास होते ही वे बात को स्पष्ट करने की गरज से बोली, हां, शिवाली, मैंने स्वयं अपने ही पैरों पर कुल्हाड़ी मारी है । दोष किसे दूं । मेरे पास सब कुछ था, माता-पिता समान सास-ससुर, लक्ष्मण-सा देवर और राम से पति । अपने छोटे से संसार में मैं बहुत सुखी थी कि अचानक ही राम को फैक्ट्री के कार्य से छः महीने के लिए जर्मनी जाना पड़ा । उनके जाने के बाद राम का मौसेरा भाई जो इंजीनियरिंग में पढ़ रहा था, छुट्टियां हमारे यहां बिताने आया ।

अनजाने ही हम एक-दूसरे की ओर खिंचते चले गये । एक दिन जब घर के सब लोग बाहर गये हुए थे, हम दोनों ही बहक गये । मैं उसे अपना सर्वस्व दे बैठी । एक बार जो फिसली, तो मैं फिसलती चली गई । मेरा विवेक नष्ट हो चुका था । अपने मौसेरे देवर के जाने के बाद पड़ोसी अशोक से मेरे सम्बंध बन गये ।

मेरे पति के लौटने पर जब उन्हें पता चला कि मुझे तीन-चार महीने का गर्भ है, तो उन्होंने मुझे बदचलन कहकर घर से निकाल दिया । मेरी बर्बादी में जिनका हाथ था, उन्होंने मेरी मदद करने से इन्कार कर दिया ।

माता-पिता के पास कौन-सा मुंह लेकर जाती है । ऐसे समय में मेरी एक पुरानी सहेली जो कॉलेज में मेरे साथ पढ़ती थी मेरे बहुत काम आई । उसी की मदद से मैंने गर्भपात करवाया । उसी ने नौकरी दिलवा दी । अपनी नादानी की आज यह सजा भुगत रही हूं कि मायके, ससुराल में सबके होते हुए भी मैं अकेलेपन की सजा भुगत रही हूं ।

मैडम की बात ने मुझे बहुत सोचने पर मजबूर कर दिया । आखिर शादी के बाद भी औरतें पराये मर्दों के बहकावे में आकर क्यों फिसल जाती हैं । यह फिसलन ऐसी होती है कि एक बार गिरी सो गिरी । फिर कोई हाथ थामने वाला नसीब नहीं होता । हमारे समाज की सोच यही है । ऐसी मामलों में मर्द के सौ गुनाह माफ होते हैं, किन्तु स्त्री जरा भी अपने

पतिव्रत धर्म से डगमगाई, तो उस पर लांछनों की बौछार हर तरफ से होने लगती है। यहां तक कि उसके अपने माता-पिता, भाई-बहन भी उसे माफ नहीं करते।

पड़ोस की शीबा दीदी के पति बेहद शरीफ किन्तु निरे मिट्टी के माधो थे। उनके बड़े भाई उतने ही चालाक और दुश्चरित्र थे। शीबा दीदी पर शुरू से ही उनकी बुरी नजर थी। गहने, कपड़ों के तोहफे देकर तथा अपनी चिकनी चुपड़ी बातों से उन्हें ऐसा अपने जाल में फंसाया कि वह उनकी रखैल बनकर रह गई।

●●

27

उनके तलाक से त्रस्त माता-पिता

जिस दिन से औरत मां बनती है, उसकी दुनिया की बदल जाती है । एक प्यारा-सा बंधन जुड़ जाता है उसका अपनी संतान के साथ, धीरे-धीरे उनकी देखरेख में बच्चा बड़ा होता जाता है । साथ ही मां उन्हें लेकर ढेर से सपने संजोने लगती है । वह दिल से चाहती है कि बच्चे अपने जीवनसाथी के साथ एक सुखी संतुष्ट जीवन व्यतीत करें । मगर सपने तब बिखर जाते हैं, जब बेटी को ससुराल वाले प्रताड़ित करते हैं । बात बिगड़ती चली जाती है । नौबत यहां तक आ जाती है कि बेटी को ससुरालियों से जान का खतरा हो जाता है । कभी बेटी सच्ची होती है तो कभी झूठी, जो अकारण ही अपनी कमियों पर पर्दा डालने को ससुराल वालों पर झूठे इल्जाम लगा उन्हें बदनाम करती है । सच-झूठ जान पाना दूर रहकर उनके लिए आसान नहीं होता । हिमानी जब ससुरालवालों की ज्यादती की बातें मायके में बताती है, तो मां समझा-बुझा कर ससुरालवालों से एडस्ट करने की सीख देकर उसे भेजी देती है । एक बार जब हिमानी के पति ने मां-बाप के उकसाने पर उसे जान से मारने का उपक्रम किया, किसी तरह हिमानी जान बचाकर पड़ोसियों के संरक्षण में रात बिता, सुबह उनके साथ अपने मायके आई, तो उन्हें इस बात का पश्चाताप था कि उनकी गलती से उनकी बेटी की जान जा सकती थी। उन्होंने फौरन लड़की के तलाक की दर्जी डाल दी ।

पड़ोसियों की गवाही और अन्य साक्ष्यों के चलते हिमानी को तलाक तो मिल गया, पर मां-बाप के लिए यह बहुत दर्दनाक स्थिति थी । बड़ी मुश्किल से वे अपनी इस तीसरी बेटी का ब्याह कर पाये थे । इसके लिए वे कर्जे में डूब गये थे और नतीजा वही, लड़की फिर अनब्याही थी ।

रागिनी जी के इकलौते बेटे के तलाक ने उनके लिए बुढ़ापा काटना मुश्किल कर दिया था । बहू ने जो झूठे और गंदे इल्जाम उन पर लगाये थे, उनमें जरा भी सच्चाई न होने के बावजूद वे किसी को मुंह दिखाने लायक नहीं रह गई थीं । बेटा मां के दुख को समझता था और मां बेटे का, लेकिन समाज का क्या । जितने मुंह उतनी बातें । उनके आईएफएस बेटे से जलने वालों की भी कमी न थी । लोग उनके घरेलू मामलों में अनुचित दिलचस्पी दिखाते । झूठी साहनुभूति जता कर उनके जख्म कुरेदते ।

अरुणाजी स्कूल में पढ़ाती हैं । उनका एक बेटा दुबई चला गया, दूसरा निमिष साथ रहता है । निमिष डाक्टर है । उसकी प्रैक्टिस अच्छी चलती है, लेकिन उसके मुकाबले उसकी डॉक्टर पत्नी रश्मि ज्यादा कमाती है । उसे इसी बात का घमंड है । सास को तो वह महज नौकरानी की तरह ट्रीट करती ही थी, पति को भी हमेशा नीचा दिखाना जैसे उसकी आदत बन गई थी ।

निमिष काफी सरल स्वभाव व सज्जन प्रकृति का है, इसलिए वह काफी समय तक, उसे यह सोचकर झेलता माफ करता रहा कि शायद समझाने पर वक्त के साथ वह सुधर जाये । लेकिन उसके स्वभाव की उग्रता तो बढ़ती ही जा रही थी । अरुणाजी बेटे की खुशी का सोच सारा अपमान पी जातीं, हालांकि भीतर से वे टूट चुकी थीं, लेकिन एक बार रश्मि ने गुस्से में उन पर हाथ उठा दिया ।

निमिष को यह बात नौकर से जब पता चली, तो उसने पत्नी को फौरन घर से निकल जाने को कहा । अरुणा जी बेटे को ऐसा करने से रोकती रहीं, मिन्नतें करती रही, लेकिन निमिष को मां का अपमान सहन नहीं हुआ । पति-पत्नी में तलाक हो गया । निमिष की दूसरी पत्नी सरल स्वभाव की कर्त्तव्य परायण स्त्री थी । वह भी तलाक की त्रासदी से गुजर चुकी थी । वह सास को पूरा आदर-सम्मान देती । निमिष यह देखकर संतुष्ट था, लेकिन मां-बेटे जब भी रश्मि के साथ गुजारे दिन याद करते, तो उसे दुःस्वप्न समझकर भुलाने की कोशिश करते ।

आज तलाक बहुप्रचलित शब्द बन गया है, क्योंकि इसकी दर तेजी से बढ़ी है । न केवल बड़े शहरों में बल्कि छोटे शहरों में भी पति-पत्नी एडजस्ट नहीं कर पा रहे हैं । ज्यादा पढ़ी-लिखी युवतियों के साथ

तालमेल बिठा पाना युवकों के लिए मुश्किल हो रहा है। जिसे वे इन टैक्ट रखने के फेर में किसी तरह कहीं भी समझौता करना अपनी हेठी समझती हैं। युवकों में भी पत्नी को लेकर सामंतवादी विचारधारा कई बार अपरहैंड लिये होती है। व्यक्तित्व का, अहम का टकराव, रिश्तों का कमजोर पड़ना या किसी तीसरे की उपस्थिति तलाक के अहम कारण जाते हैं।

कई बार तलाक से बचा भी जा सकता है, लेकिन कई बार तलाक ही सही फैसला होता है। मां-बाप अनुभवी होते हैं। माना कि वृद्धावस्था में वे तकलीफों के चलते थोड़े इमोशनल हो जाते हैं, लेकिन अपने बेटे की खुशियों को देखते हुये उन्हें भीतर से मजबूत बनना पड़ेगा। तलाक के बाद अक्सर लड़के गुमसुम रहने लगते हैं। उनके अहम को ठेस पहुंचती है। इससे उनका कैरियर भी प्रभावित हो सकता है। लम्बे समय तक उदास रहने से उनमें अवसाद की भी स्थिति उत्पन्न होने लगती है, जिसके लिए काऊंसलिंग या मनः चिकित्सक की सलाह जरूरी हो जाती है। घर में अगर दूसरी अनब्याहे बच्चे हैं, तो तलाक का असर उनके लिए साथी ढूंढते हुये बुरा पड़ता है। लोग यह जानना चाहते हैं कि कहीं कमी माता-पिता में तो नहीं थी। माता-पिता अपने को कटघरे में खड़ा पाते हैं।

वे लोगों को सफाई देते-देते मानसिक रूप से अशांत हो जाते हैं। कोई भी माता-पिता जो समझदार हैं, कभी अपने बेटे-बहू की शादीशुदा जिन्दगी में हस्तक्षेप नहीं करते। वे कभी उन्हें एक-दूसरे के खिलाफ नहीं करना चाहेंगे। घर में सुर मिले रहें, वे ऐसी ही कोशिश में रहते हैं। एक उम्रदराज गृहिणी घर की सुख-शांति के लिए अपने हर सदस्य के कितने वार झेलती है, केवल वही जानती है। किसलिये ? ताकि घर में कोई हादसा न हो, रिश्तों में दरार न आये। लेकिन आने वाली कैसे स्वभाव की आती है, यह कौन जानता है। जब कोई पूर्ण नकारात्क रवैय्या लेकर आये, घर में हर समय क्लेश, अशांति व कटुता छा जाये, पति-पत्नी का जीना मुश्किल होने लगे, तो समस्या का निदान तलाक के अलावा क्या हो सकता था ? माता-पिता यही सोचकर तस्सली करें कि बेटा अब एक नई शुरूआत के लिए स्वतंत्र है। उसे पुरानी बातें याद न दिलायें। उसे ट्रामा बाहर निकलने में मदद करें। बेटे को भी चाहिए वह भी मां-बाप की मन-स्थिति समझे।

●●

28

भावनात्मक, लगाव नहीं तो कुछ नहीं

भावनात्मक लगाव यानी कि प्यार । यह प्यार ही तो है, जो पति-पत्नी के रिश्ते को अंजाम तक पहुंचाता है । साथ-साथ रहने से जानवर तो क्या बेजान चीजों से भी लगाव हो जाता है फिर इंसान और वह भी पति या पत्नी के रूप में हो, तो गहरा भावनात्मक लगाव होने लगता है । बशर्ते उन्होंने एक-दूसरे को सच्चे मन से स्वीकारा हो ।

हर पल साथ रहना लगाव की शर्त नहीं है । इससे ऊब पैदा होने की संभावना होती है । स्पेस दोनों को चाहिए । अपने को रिन्यू करना सबका हक है । वर्ना ठहरे हुए पानी की तरह रिश्तों में भी सड़ांध पैदा होने लगेगी ।

आयशा अपने पति अरिदमन के साथ सुखी जीवन गुजार रही थी । एक पब्लिक अंडरटेकिंग में वे एक जिम्मेदार पोस्ट पर थे । एक बेटा था, जो विदेश में रहकर पढ़ रहा था । पति-पत्नी में गजब का तालमेल और आपसी समझ थी । एक दिन फैक्ट्री में हुए एक हादसे ने अरिदमन को व्हीलचेयर का मोहताज बना दिया । आयशां जी-जान से पति की सेवा करती । वह हमेशा उनके साथ रहती, पल भर को भी उन्हें अकेला न छोड़ती । वह डिप्रेस न हों, इस बात का ख्याल कर वह उनका दिल बहलाए रखने की पूरी कोशिश करती । लेकिन हुआ यह कि पत्नी को चाहते हुए भी पति उसे हर समय आसपास मंडराते देख बुरी तरह ऊबने लगा था । बात--बेबात पर पत्नी को डांटना, फटकारना उसकी आदत बनती जा रही थी । चूंकि अपाहिज की जिन्दगी ने उसे फ्रस्ट्रेशन से भर दिया था, पत्नी ही उसे इजी टारगेट नजर आती । बेचारी आयशा चुपचाप खून के आंसू रोती । उसे समझ में नहीं आता वह करे तो क्या करे ।

उसकी सहेली ने उसे समझाया कि कुछ देर पति की नजरों से दूर रहो। कोई भी काम कर लो, इनकम भी होगी, मन भी ठीक हो जाएगा और तरकीब काम कर गई। आयशा ने घर पर ही बच्चों को टयूशन पढ़ाना शुरू कर दिया था।

आज की पढ़ी-लिखी नारी केवल दूसरों के लिए ही जीने वालों में नहीं है। वह जानती है, उसका अपना भी वजूद है। जीवन जीने का उसे भी पूरा हक है।

भावनात्मक लगाव केवल एकतरफा नहीं होना चाहिए। जब तक यह दोनों तरफ से न हो, दाम्पत्य सफल नहीं माना जाएगा। होता यह है कि स्त्री चूंकि भावुक होती है, अपनी भावनाओं का इजहार किसी न किसी तरह करती ही रहती है। पुरुष में प्रकृतिदत्त संवेदनशीलता कम होती है। वह हमेशा भावनाओं के प्रदर्शन में कंजूसी बरतता है। माना यह उसकी फिंतरत नहीं, लेकिन इसकी आदत तो डाली जा सकती है, अगर सचमुच वह पत्नी से प्यार करता है।

बात वहीं आ जाती है कि पति-पत्नी में भावनात्मक लगाव कितना है। जहां प्यार है, वहां कोई उसूल, कोई अहम उससे बढ़कर नहीं होता। पति-पत्नी के रिश्ते में यह सकारात्मक बदलाव नये युग की देन है। आज के युवा और नौकरी से रिटायर्ड लोग पत्नी के काम में खूब मदद करते हैं, बगैर काम का किसी तरह बंटवारा किये।

●●

29

पति की महिला मित्र

मॉडर्न कहलाने की धुन में आप भले ही झूठ का मुलम्मा चढ़ाकर सच छिपाएं कि आपका नजरिया व्यापक है, आपको पति के महिला मित्र रखने पर कोई एतराज नहीं, लेकिन अपनी प्राकृतिक भावनाओं से आप कैसे लड़ पायेंगी ।

'औरत को जब सास ही सहन नहीं होती, क्योंकि वह पति का ध्यान बंटाती है । उसके दिल पर एकछत्र राज करने में बाधक लगती है, तो भला दूसरी औरत फिर चाहे वह दोस्ती का दम भरती महिला ही क्यों न हो, का अस्तित्व वह पति के जीवन में कैसे स्वीकार सकती है' यह कहना है अनीषा भारद्वाज का जो नई दिल्ली में एक होममेकर हैं यानी कि एक घरेलू स्त्री ।

शशि जड़ेजा इंटर पास एक छोटे शहर की महिला हैं । देखने में अत्यंत साधारण और बोली भी उनकी ठेठ गंवई है । पति बिल्कुल विपरीत सॉफ्टवेयर इंजीनियर । देखने में अत्यंत हैंडसम बड़ी बेमेल जोड़ी है उनकी । लेकिन शादी की गाड़ी चल रही है । शशि पति से बेहद प्रभावित सही मायने में चरणों की दासी है । पति की ढेर-सी महिला दोस्त हैं । घर भी आती हैं । शशि उनके खाने-पीने का इंतजाम खुशी से करती है । पति को उनके साथ हंसता-बोलता देखकर वह भी बहुत खुश होती है । यह पूछने पर कि 'उन्हें ईर्ष्या नहीं होती ?' वे कहती हैं 'ईर्ष्या कैसी, यह खुश रहें, बस मेरे लिए तो इनकी खुशी सबसे बढ़कर है, लेकिन शशि जैसी सोच रखने वाली औरतें मुश्किल से सौ में दो-चार ही मिलेंगी । वरना पति की महिला मित्रों को पत्नियां कभी बर्दाश्त नहीं कर पाती हैं, उन्हें लेकर उनका दाम्पत्य बिखराव के कगार तक भी पहुंच

जाता है ।

पत्नियों की इसमें गलती कम ही लगती है, क्योंकि ये उन महिला मित्रों की हरकतें ही होती हैं, जो पत्नियों को उकसाती हैं । अब मिसेज लाल को देखें । यह उनके लिए क्रेडिट की बात थी कि पति की मौत के बाद उन्होंने अपने को शीघ्र संभाल लिया । जीवन को पूरी शिद्दत से जीने की ठानकर वे बहुत ही एक्टिव लाइफ जीने लगीं । पैसा बहुत था । नौकर, ड्राइवर और दोस्तों की भीड़ इर्द-गिर्द रहने लगी, लेकिन अकेली औरत के साथ जो बुनियादी दिक्कतें होती हैं, वे उनके साथ भी थीं । उनका तिकड़मी दिमाग उन्हें कभी चैन से नहीं रहने देता । पैसा बढ़ाने का जुनून था उन्हें । उसके लिए वे सभी पुरुष मित्रों की सहायता लेने में जरा न झिझकतीं । उन्हें अपना एक मकान बेचना था । उसकी कई औपचारिकताएं भी होती हैं । उसके लिए उन्होंने मिस्टर सक्सेना की सहायता ली । ढेर-सा काम था । मकान पर रंग-रोगन, पेंट, पौधे वहां से शिफ्ट करना तथा अन्य औपचारिकताएं । वे मिस्टर सक्सेना को नचाये रखतीं, खाना खाने, ऑफिस जाने में भी वे डिस्टर्ब होते । कभी फोन आ रहा है, कभी मैडम स्वयं कुछ काम के लिए चली आ रही हैं-'मिस्टर सक्सेना जरा आप बाजार से पेंट ले आना' कहकर उन्होंने ढेर से रुपयों की गड्डी उन्हें थमा दी । स्वाभाविक था मिसेज सक्सेना के सब्र का पैमाना छलकता ।

महिला मित्र अक्सर पुरुष मित्रों को बेवकूफ बनाकर उनका इस्तेमाल करने में माहिर होती हैं । इसलिए इस खास ब्रीड की औरतों से शरीफ पत्नियां सावधान रहती हैं । कुछ जरूर शरीफ हो सकती हैं । वे अपनी मर्यादा समझती हैं और विवाहित पुरुष मित्र की गर्लफ्रैंड न होकर फेमिली फ्रैंड बनने में विश्वास रखती हैं । अगर पुरुष अकेला है, बैचलर है, तब शायद महिला मित्र बनने में हर्ज नहीं । हर्ज तब दिखता है जब अपनी अदाओं से औरत पुरुष से अपना हर छोटा-बड़ा काम तब तक करवाती है, जब तक उसे उससे अधिक पैसा वाला और ज्यादा समर्थ पुरुष नहीं मिल जाता ।

महिला मित्र कब प्रेमिका बन जाती है, कब केमिस्ट्री बदल जाती है, कुछ कहा नहीं जा सकता । पत्नी को पति की ऐसी ही महिला मित्रों को

टैक्ट से संभाल पाना आना चाहिए । बगैर रुड हुए वे उन्हें उनकी सीमाओं का अहसास करा सकती हैं । उनका अपमान कर क्रोध में उन्हें अपशब्द कह कर तो वे स्वयं को छोटा साबित करेंगी । पति की नाराजगी भी झेलनी पड़ेगी । पति अगर आपकी सुनते हैं । तो उन्हें साफ शब्दों में नाराजगी जाहिर की जा सकती है । आपकी बेरुखी पति की महिला मित्र न समझे यह नहीं हो सकता, लेकिन उसे एकदम खारिज करने की जरूरत भी नहीं । उसे अपने को प्रूव करने का मौका और समय जरूर दें । कभी-कभी औरत की मजबूरी उसे पुरुष मित्र बनाने के लिए मजबूर करती है । उनमें वह सुरक्षा ढूंढती है । वह लाख आधुनिक, स्वयं में पूर्ण, सशक्त होने का दावा करे, उसे सहारे की जरूरत तब पड़ती है, जब कुछ समय के लिए उसका 'मोरल लेवल' बिल्कुल नीचे आ जाता है । तब वह अवसाद से घिरकर अकेलापन महसूस कर सकती है । ऐसे में पुरुष की प्रशंसा तेज नशे की तरह होती है ।

यह मित्रता ठीक 'पति के जीवन में दूसरी औरत' के पुराने चक्र की तरह है । चाहे उसे नया नाम दें । बौद्धिकता का मुलम्मा चढ़ाकर न्यायोचित ठहरायें या सोच के विस्तृत दायरे के अंतर्गत समाहित करें ।

स्त्री-पुरुष के बीच की केमिस्ट्री तो आज भी वही है, जो सदियों पहले थी । अब माना कि हर क्षेत्र में हर जगह ज्यादा से ज्यादा साथ-साथ कार्यरत होने से उनकी संवेदनशीलता भोंथरी हुई है, लेकिन वे कब बहक जायें, यह कोई नहीं जानता ।

इसके लिए परिपक्वता का स्तर, चारित्रिक सुदृढ़ता, सोच संस्कार काफी हद तक जिम्मेदार है । भावनात्मक मित्रता गहरे विश्लेषण का विषय है । बहरहाल पुरुष की महिला मित्र बनकर महिला उसके अविवाहित होने पर विवाह कर ले, यह तो जायज है । लेकिन अगर वह उसका घर तोड़ती है, उसकी पत्नी को दुःखी कर उसकी आह लेती है, तो यह बात नारीत्व के लिए कलंक है । यह कहकर कि क्या करें दोस्त पर दिल आ गया, आप फूलनदेवी का रोल अदा करती हैं ।

मित्रता का नाजायज फायदा हमेशा औरत ही उठाती है अगर पुरुष उठाता है, तब भी गलती स्त्री की ही मानी जायेगी कि वो क्यों 'सीधी' और 'कमजोर' साबित हुई ?

पुरुष को लाख अपराधी ठहरायें, कटघरे में खड़ा करें। वह जो है सो है, उसकी फितरत से आप क्यों वाकिफ नहीं ? अपनी करनी पर पर्दा डालने में औरत माहिर होती है। अच्छी औरतें यूं ही पुरुष मित्र नहीं बनाती फिरती हैं। इसी तरह चरित्रवान पुरुष भी जरूरतमंद औरत की मदद तो करते है, लेकिन उन्हें मित्र नहीं बनाते। मित्र का कार्य तो रिश्तों में ही हो सकता है। मां, बहन, भाभी, बेटी कोई भी मित्रवत हो सकती है। जान पहचान रखिए क्या यही काफी नहीं ? पत्नी मित्र क्यों नहीं हो सकती ?

आज समाज में कई नामी गिरामी हस्तियां हैं, जिन्होंने मित्रता का ढोंग रचाकर पति-पत्नी को अलग कर दिया, बच्चों से उनका पिता छीन लिया। महिला मित्र का 'कंसेप्ट' ही गलत है, अनैतिक है।

●●

30

उम्र के बोझ से दाम्पत्य बोझिल न होने दें

अशोक और नीतू ने हाल ही में अपने विवाह की रजत जयंती मनाई है। आज भी उनमें वैसा ही प्रेम है, जैसा विवाह के शुरू के दिनों में था। बल्कि अब तो और भी गहरा और परिपक्व हो गया है । यह उनके आपसी प्यार का ही करिश्मा है कि वे उम्र को धता बता कर आज भी उम्र से दस पंद्रह वर्ष कम ही लगते हैं ।

ऐसा नहीं है कि दोनों सदा मीठी-मीठी बातें ही करते हैं और उनमें कोई मतभेद नहीं होता, लेकिन उन्हें उससे निपटना बखूबी आता है । न वे इसे ज्यादा तूल देते हैं, न दिल से लगाकर 'ईगो' का इश्यू बनाते है । अरे, पति-पत्नी के बीच कैसा 'ईगो' ? नीतू अपनी सहेली रीना को समझाते हुए कहती है ।

रीना की अपने पति से जरा नहीं पटती । दोनों में अहम् इतना है कि कोई भी कभी झगड़ा होने पर झुकने को तैयार नहीं होता । नतीजा दिन-रात का क्लेश, मनमुटाव और जीवन से सुख-चैन का गायब हो जाना । सच पूछो तो अच्छा-खासा जीवन अपनी नासमझी के कारण इन पति-पत्नी ने बर्बाद कर लिया है । चूंकि रीना नीतू की अच्छी दोस्त है, नीतू उसे अक्सर समझाती रहती है, 'देख तो, इस उम्र में ही एकदम से कैसे बुढ़ा गई लगती है । ये हर समय का टेंशन, चढ़ी-चढ़ी त्यौरियां, कभी गहरा अवसाद, हंसना तो मानो तू भूल ही गई है ।'

"जानती हूं नीतू, हंसना सेहत के लिए टॉनिक है, लेकिन झूठी हंसी कैसे हंसू, जब मन ही बुझा हो । इनकी डांट-डपट, ऊपर से ढलती उम्र का यह जानलेवा एहसास ।"

अधेड़ावस्था तक पहुंचते यही सबसे बड़ी भूल करते हैं दम्पत्ति । यह

सोच कि "अब क्या, उम्र तो बीत गई" उन्हें जीवन से विमुख कर देती है । यह हमारी पुरानी सोच का नतीजा है ।

उम्र का भला खुश रहने से कैसा वैर ? उम्र बढ़ने के साथ सोच भी परिपक्व होनी चाहिए । अपनी परवाह आपको स्वयं करनी है, क्योंकि जीवन भी तो आपका अपना है ।

लोगों की परवाह करेंगे तो खुशी से जीना मुहाल हो जाएगा । यही दुनिया का दस्तूर है । लोग दूसरे को खुश देख नहीं सकते, क्योंकि तब उन्हें अपने गम ज्यादा बड़े दिखाई देते हैं । ईर्ष्या को बहुत कम लोग जीत पाते हैं । ऐसे में आपको क्या करना चाहिए । आपको अपनी प्राथमिकता की ओर ध्यान देना चाहिए, जो आपके पति और आपका दाम्पत्य-जीवन है ।

पति को हर रोज नयी दृष्टि से देखने की आदत डालें । याद करें मुलाकात का वह शुरुआती दौर । उनकी पसंद का ख्याल रखें और उनके उत्साह पर कभी पानी न फेरें । उनके बाल मन को खुश होकर बढ़ावा देना सीखें । उसे बचकानी हरकत कहकर न झिड़कें । ये चुहलबाजियां और मसखरी जीवन को जीवंत रखती हैं । याद रखिए आपकी झिड़कियां, बुरा-सा मुंह बनाना, तनी हुई भृकुटि उनकी दृष्टि के कैमरे से क्लिक हो अंतर्मन के पर्दे पर छा जाती है । ऐसे में आप उनसे प्यार की आशा नहीं कर सकतीं । वे इसे कभी-कभी इग्नोर कर सकते हैं, लेकिन हमेशा नहीं । क्यों आ जाती है यह चिड़चिड़ाहट आप में ? कारण अनेक हैं । जिम्मेदारियों का बोझ, जीवन के कटु अनुभव, लोगों की बुराई को तोड़ जाने की समझ, जीवन में आने वाला अनिवार्य उबाऊपन, जो कहीं न कहीं, कभी न कभी हर व्यक्ति की बाद के दिनों में नियति है । आपको इसे परास्त करना है । रिश्तों की गर्माहट को सर्द होने से बचाना है । तभी जीवन जीने योग्य रह पाएगा । यह जिम्मेदारी पति-पत्नी दोनों की साझी है । औरतें पुरुष के मुकाबले ज्यादा तंगदिल होती हैं, यह कुदरती बात है । शायद प्रकृति ने किसी नियम के तहत ऐसा किया होगा । वह अगर बचत से चलती हैं, किफायत से रहती हैं तो इसमें कोई बुराई नहीं है । बुराई तब है, जब यह कंजूसी की श्रेणी में आकर जीवन की खुशियां छीनने लग जाएं । पति से हर छोटी-बड़ी खरीद पर लड़ाई कि 'पैसे क्यों खर्चें',

वाजिब नहीं । नीलेश अपनी पत्नी रत्ना के लिए बड़े प्यार से परफ्यूम लाये थे । रत्ना ने खुश होकर स्वीकारने के बजाए फिजूलखर्ची की बात लेकर लड़ना शुरू कर दिया । बिना यह जाने कि वे पैसे पति ने 'हाउजी' में जीते थे और कितनी देर तक छांटकर चार दुकानों पर देखकर, वे यह परफ्यूम यह सोचकर लाए थे कि इसे देखते ही रत्ना खुशी से उनसे लिपट जाएगी ।

"अब इस उम्र में ? मीना, यह परफ्यूम लगाने की उम्र रह गई है" दूसरे दिन झगड़े का कारण पड़ोसन को बताते हुए रत्ना कह रही थी । मगर यही रत्ना पचास वर्ष की सुषमा जी को सज-संवरकर जाते देख आह भरकर रह जाती है, कितनी सुंदर लगती हैं, सुषमाजी इस उम्र में भी । पहनने-ओढ़ने का सलीका है । तभी तो पतिदेव उन पर आज भी लट्टू रहते हैं, मानों हनीमून से लौटे हों ।

एक-दूसरे के साथ समय बिताना प्रगाढ़ता के लिए जरूरी है । सानिध्य, प्रेम, साथ-साथ घूमने जाना, पिकनिक के लिए एकरसता और ऊब मिटाता है । रिश्ते में जीवन बरकरार रखने के लिए सतत् प्रयत्न करना पड़ता है, 'पेसिव' बने रहने से उसे कुम्हलाते मुरझाते खत्म देर नहीं लगेगी ।

जीवन तो नियमबद्ध रूप से ही चलेगा । उसके साथ ठहराव आएगा । रोमांस धूमिल पड़ने लगता है, नयापन समाप्त होने लगता है लेकिन यह होता है उम्र के साथ जिस पर आपका वश नहीं । हां, बददिमागी से बचें । यह आपके वश में है । दाम्पत्य-जीवन आपके अपने हाथों बनाया हुआ है । इसे सजाएं संवारें, हंसी के फव्वारों से गुलजार बनाएं, खुशी के फूल बिखेरे । चमन को चमन की भांति गुलजार बनाएं रखें । इसे वीरान न होने दें ।

••

31

पत्नी से करें सद्व्यवहार

शोभना जैन पागलखाने में भर्त्ती कर दी गई । इतनी खुशमिजाज ऊर्जा से भरपूर, सब के सुख-दुख में सदा काम आने वाली शोभनाजी का ऐसा हाल आखिर क्यों हुआ ? वे निम्न मध्यवर्ग से थीं । परिवार के नाम पर सिर्फ एक बेटी ही थी, सो मजे से खर्च चल जाता था । खाने-पीने की कमी न थी, पति क्लर्क थे, लेकिन स्वभाव में साहबियत बसी थी ।

इसी साहबियत के चलते वे पत्नी पर हर समय रौब झाड़ा करते, क्योंकि और तो कोई उन्हें रौब झाड़ने को मिलता न था । किशोरावस्था की बड़ी होती बेटी से वे दूरी रखते या जब भी बोलते, हुक्म देने की भाषा में ही बोलते ।

उनकी एबनॉर्मल मानसिकता का शिकार पत्नी उन से कांपती थीं । ठीक एक जरखरीद गुलाम की तरह वह हाथ बांधे उनकी सेवा में पेश रहतीं । जरा-सी कहीं कोई कोताही और लात-घूंसे, थप्पड़ों से उनका स्वागत होता । वे बाह्य रूप में सोशल होते हुए भी भीतर ही भीतर निहायत एकाकी होती चली गईं ।

बचपन भी उनका मातृहीन होने के कारण दुखमय बीता था । फिर सास की हिटलरशाही सहनी पड़ी । कम उम्र में विवाह हो जाने के कारण वे जल्दी ही मां बन गईं । सुख को तो जैसे उनसे वैर था । ऐसे में सिर्फ पति ही सहारा बन सकता था । पति अगर प्यार करता, मान-सम्मान देता तो वे अपने सारे दुख भूल जातीं । वे तो बहुत थोड़े में संतुष्ट होने वाली नारी थीं, मगर ऐसा नहीं हुआ ।

वे भीतर ही भीतर घुटती रहीं । प्यार के अभाव में वे मुरझा गईं । हर समय डरा सहमा रहना जैसे उनकी नियति बन गई थी । शेखचिल्ली,

फूहड़, हाफमैड, पागल सुनने-सुनते वे सचमुच पागल हो गईं । पति ने इलाज करवाया । वे ठीक हो गईं, लेकिन अन्य बीमारियों ने उन्हें घेर लिया । पति ऐसे व्याधिग्रस्त हुए कि चलने-फिरने से लाचार । जितना बन पड़ा, पत्नी ने उनकी सेवा की । पति को जब तक अपनी गलतियों का अहसास हुआ, दोनों का अंत समय आ गया था ।

उन्हें जीवन से क्या हासिल हुआ ? क्या दूसरे को दुख देकर कोई वास्तविक खुशी हासिल कर सकता है ? फिर यहां तो पत्नी की बात है जो पति के लिए अपना जीवन तक उत्सर्ग करने को तैयार रहती है । अगर पति ने थोड़ी समझदारी से काम लिया होता, जरा-सा विचारा होता कि पत्नी उनके लिए क्या कुछ कर रही है । उसका सारा जीवन उन्हीं के इर्द गिर्द है । उसे वे जितना भी प्यार सम्मान दें, कम है । वह उनके बच्चे की मां है, उसने उन्हें पविार का सुख दिया है, जीने का मकसद दिया है, तो उनकी जीवनगाथा इतनी दुखद न होती । साथ रहते-रहते जुड़ाव तो हो ही जाता है ।

पति की पत्नी प्रताड़ना एवं उसे डांट फटकार करते रहने का बच्चों पर भी गहरा असर पड़ता है । या तो वे मां को कमतर समझ उसका सम्मान करना छोड़ देते है या पिता के प्रति विद्रोही रवैय्या अपना लेते हैं । वे मां के तो फेवर में रहते हैं, लेकिन पिता को लेकर बदले की भावना से भर जाते हैं, जो एक सुखी परिवार के हित में नहीं होता ।

कभी-कभी पति लोग पत्नी पर बेवजह शक कर उसकी जासूसी के लिए बच्चों को मोहरा बना लेते हैं या कभी घर के नौकरों से यह कार्य करवाते हैं । अमीर घरों में तो इस कार्य को अंजाम देने के वास्ते डिटेक्टिव एजेंसी की सेवायें भी ली जाती हैं । ऐसे मामलों में अक्सर पतियों के दोहरे मापदंड होते हैं । अपने लिए वे विवाहेत्तर सम्बंधों को बुरा नहीं समझते, लेकिन पत्नी का पराए मर्द से जरा-सा हंसकर बोलना भी उन्हें शक के घेरे में डाल देता है ।

कई लोगों की आदत बन जाती है कि पत्नी का उपहास करके ही अपना और दूसरों का मनोरजन करें । भारतीय नारियां भी ऐसी बातों की आदी हो जाती हैं । विद्रोह करना तो दूर, वे खुद भी उसमें शामिल हो जाती हैं, बगैर इस बात का अहसास किये कि इससे इनके आत्मसम्मान

को ठेस पहुंचाती है मगर जो संवेदनशील नारी है, उसका दिलोदिमाग जरूर आहत होता है ।

पति-पत्नी का रिश्ता किसी भी अन्य रिश्ते की तरह दोतरफा होता है । यह वन वे ट्रैफिक नहीं है बल्कि 'गिव एंड टेक' के सिद्धांत पर चलता है और यह बात पति को अच्छी तरह समझ लेनी चाहिए ।

जो पुरुष औरत की इज्जत करना-जानता है, वास्तव में वही पौरुष का धनी है । पति-पत्नी को मान देगा, तभी उसे बदले में सच्चा प्यार और मान-सम्मान मिलेगा वर्ना डर से पत्नी उसको मान भले ही देती रहे, मन से वह कभी उसे सम्मान नहीं दे सकेगी । सच्चा प्यार अनमोल है । जिस घर में सच्चा प्यार होता है, वहीं सुकून होगा, वहीं सुख होगा जिसकी खोज में हर व्यक्ति सदा रहता है ।

●●

32

कितने सफल होते हैं पुनर्विवाह

जीवन साथी के बगैर जीवन अधूरा माना जाता है । इसीलिए ज्यादातर लोग विवाह के इच्छुक रहते हैं । वे विवाह कर एक सुखी संपूर्ण जीवन की लालसा करते हैं । यह बात और है कि साथी कभी-कभी बहुत जल्दी साथ छोड़ देते हैं । कारण अनेक हैं । असमय मृत्यु, बीमारी से, एक्सीडेंट से या किसी अन्य कारण से या विवाहेत्तर सम्बंध अथवा पति या पत्नी में से किसी का बेवफा होना । आपसी तालमेल न बैठना, पति का हिंसक होना, पत्नी का हर तरह शोषण करना । पत्नी का बेहद डॉमिनेटिंग, पोजसिव होकर पति को स्पेस न देना या पति का शक्की मिजाज आदि । इन सब कारणों से भी पति-पत्नी के बीच तलाक हो सकता है ।

पिछले कुछ अनुभवों के कारण कई जोड़े दूसरा विवाह करते हुए भीतर से कहीं डरे भी रहते हैं कि पता नहीं कि यह विवाह भी सफल होगा या नहीं । कहावत है दूध का जला छाछ भी फूंककर पीता है । यह हाल ऐसे पुर्नाविवाह करने वालों का है । खासतौर पर अगर उनके पहली पत्नी से बच्चे हैं, तो यह आंशका कि सौतेली मां न जाने उनके साथ कैसा व्यवहार करेगी, उन्हें आतंकित किए रहती है । मुंबई स्थित फेमिली वेलफेयर ऑर्गेनाइजेशन के अध्यक्ष मगन धारीवाल कहते हैं "जहां बच्चों की बात हो, मां या पिता जिसके भी साथ वे हैं या अगर दोनों के अपने-अपने बच्चे हैं, पुर्नविवाह करना इतना आसान नहीं होता । रोमांस की तो बात ही भूल जाएं । बच्चों और बड़ों में कैसे तालमेल बैठेगा यही मुद्दा अहम रहता है ।"

पाश्चात्य सभ्यता के अनुयायी होने पर भी हमारे देश में बहुत छोटी-छोटी सी बातों को लेकर यूरोप, अमेरिका की तरह तलाक नहीं

होते। यहां की आम नारी आज भी काफी सहनशील है और यही सहनशीलता रिश्ते को ताउम्र बनाये रखने में सहायक होती है। इसे केवल मजबूरी मानना सरासर गलत होगा। वफादारी, भावनात्मक लगाव, मोह, आज भी भारतीय नारी में कहीं ज्यादा है।

पहले औरत पुनर्विवाह के बारे में सोच भी नहीं सकती थी, चाहे वह कितनी ही छोटी उम्र में कुंआरी रहते हुए ही विधवा क्यों न हो जाती। समय के साथ उनकी स्थिति में सुधार आया। धीरे-धीरे पुनर्विवाह प्रचलन में आया और अब इसे समाज ने स्वीकार तो कर लिया है, लेकिन सैकंडहैंड होने का ठप्पा लगाकर।

अंकिता ने पति के गुजर जाने पर सहारे के लिए शैलेश से विवाह कर लिया।यह उनकी लव मैरिज थी। वे आपस में बहुत खुश थे, लेकिन समाज में लोग शैलेश को चैन से नहीं रहने देते। ऑफिस में सहयोगी, बाहर यार-दोस्त, रिश्तेदार सभी उसे अहसास कराते कि उसे सैकंड हैंड बीवी मिली हैं और यह कि अगर वह चाहता, तो उसे एक से एक कुंआरी फ्रैश लड़की मिल जाती। शैलेश और अंकिता को रहना इसी समाज में है, वे इससे बच नहीं सकते। हां, इतना जरूर हुआ कि उन्होंने सोशल गेदरिंग, जानपहचान वालों के फंक्शन वगैरह में जाना बहुत कम कर दिया।

हमारे यहां समाज में हालांकि बाहरी रूप में तेजी से बदलाव आ रहा है। हम रहन-सहन खान-पान तेजी से पाश्चात्य ढंग से अपना रहे हैं, लेकिन सोच उतनी तेजी से आगे नहीं बढ़ पाई है। हमारे संस्कारों की जड़ें गहरी हैं। सोच वहीं अटकी हुई है।

पुनर्विवाह भारत में ज्यादा कामयाब है, बनिस्बत अमेरिका के, जहां कि सामाजिक संरचना का यह अनिवार्य अंग बन चुका है। वहां की अधिकतर शादियों में वर-वधू में से एक या दोनों पुनर्विवाह कर रहे होते हैं। वहां का टूरिज्म अब न केवल हनीमून बल्कि फेमिलीमून पैकेज भी देने लगा है, जिसमें बच्चों के लिए खास व्यवस्था रहती हैं।

आज का युग स्पेशलाइजेशन का है। हर फील्ड में। बात चाहे फिर दाम्पत्य रिश्तों की ही क्यों न हो। काफी हास्यास्पद लगता है कि हमें रिश्ते निभाने की भी ट्रेनिंग लेनी चाहिए। लेकिन इसमें नुकसान इसलिए

नहीं है कि क्योंकि यह कोर्स आपको काबिल और सक्षम बनाने के लिए हैं । कैसी स्थिति में आपसे क्या उम्मीद रखी जाती है, ये यहां बताया जाता है । आपको अपने से संघर्ष के लिए तैयार किया जाता है ताकि आप टैक्ट से बगैर भावनाओं का खून-खराबा किए संघर्ष कर सकें ।

परिवार में सारे मनमुटाव की जड़ अक्सर गलतफहमी, संवादहीनता ही हुआ करती है । पति-पत्नी दोनों ही अक्सर यह उम्मीद रखते हैं कि दूसरा बताये बिना ही उसकी बात समझ लें, जो कि हर केस में संभव नहीं और नये-नये साथ में तो बिल्कुल भी नहीं । हर किसी से संपूर्णत्व की आशा नहीं की जा सकती । हर एक के व्यक्तित्व में खामियां और कमजोरियां होती हैं । उन्हें उन खामियां और कमजोरियों के साथ ही स्वीकार करने में सुख है, शांति है ।

ये सब बातें तथा कई ऐसी छोटी-छोटी बातें, जिन्हें हम नजरअंदाज किए रहते हैं, विवाह की तैयारी करवाने वाले संगठनों से सीखी जा सकती हैं । यहां न केवल संवाद स्थापित करना, बल्कि समस्याओं से निपटने की क्षमता विकसित करना, आपसी तालमेल बिठाने के लिए क्या करें, यह सब बताया जाता है ।

जैसा कि मनोविश्लेषक 'तुरन्त सरकार' कहती हैं कि कई बार तलाक शुदा लोगों का सम्बंध इसलिए नहीं निभ पाता है, क्योंकि उन्हें ब्लेम गेम खेलने की लत होती है । वही गलती वे दोबारा भी दुहारने लगते है । यह सच है कि हर बात के लिए हम बड़ी आसानी से दोष दूसरे पर मढ़ कर खुद एकदम बरी हो जाते हैं । अगर हम आत्म-विश्लेषण और आत्मचिंतन की आदत डाल सकें, तो हमें इस लत से छुटकारा मिल सकता है । न केवल दाम्पत्य बल्कि अन्य रिश्तों को निभाने और समझने में भी हमें इससे मदद मिलेगी, व्यक्तित्व और स्वभाव में ठहराव आयेगा । बच्चों पर ध्यान देना, उनकी सही परवरिश हर माता पिता के लिए अहम है । लेकिन पति-पत्नी का एक दूसरे के प्रति लगाव रखना भी उतना ही अहम है । इसके लिए उनमें अपराध बोध नहीं होना चाहिए ।

आपको सूझबूझ से अपना समय उनमें बांटना ही नहीं है, बल्कि सबको साथ इस तरह लेकर चलना है कि कोई भी उपेक्षित महसूस न करे । ●●

33

जीवन साथी कैसा हो ?

सुंदरता किसे नहीं लुभाती और खासकर जब उम्र जवान हो, युवक-युवती शादी लायक हों, तो वे अपने भावी जीवनसाथी की जो कल्पना करते हैं, उसमें उनके ख्वाबों की शहजादी या शहजादा बेहद खूबसूरत ही होता है। ईश्वर ने हर इंसान खूबसूरत नहीं बनाया है । खूबसूरती बहुत ही कम देखने को मिलती है । इसीलिए अधिकतर युवक-युवतियों को साधारण रूपरंग का ही जीवनसाथी चुनना पड़ता है । यह जरूरी भी तो नहीं कि सुंदर साथी उनका जीवन भी सुंदर बना देगा, ऐसा जिसमें मधुरता हो, सामंजस्य हो और जो प्यार की खुशबू से सरोबोर हो । जबकि सामान्य रूप रंग वाला साथी समझदार, विनम्र, सुशील हो सकता है कि जीवन स्वर्गतुल्य बना दे ।

शशांक ने अपने शहर की ब्यूटी क्वीन पद्मा के रंगरूप पर रीझ कर उससे शादी कर ली । उसका स्वयं का बहुत बड़ा कारोबार था, जिसको चलाने में वह बेहद व्यस्त रहता । पद्मा को यह बात गवारा न थी । वह उससे आये-दिन लड़ाई-झगड़ा करती कि वह उसे अपने साथ घुमाने-फिराने, पिक्चर, होटल क्यों नहीं ले जाता ? जब वह उसके अरमान पूरे नहीं कर सकता था, तो उसने उससे शादी कर उसकी जिन्दगी क्यों तबाह कर दी । वह बेहद खुदगर्ज है । उसे पत्नी की भावनाओं कद्र नहीं । शशांक रोज-रोज की कलह से इतना तंग आ गया कि उसने एक दिन ढेर सारी स्लीपिंग पिल्स निगल कर जान देने की कोशिश की । समय पर मेडिकल सहायता मिलने से वह बचा लिया गया । मां-बाप को जब उसकी मानसिक यंत्रणा का पता चला, उन्होंने बगैर समय गंवाये शशांक को पदमा को तलाक दे देने का सुझाव दिया । शशांक स्वयं यही चाहता था । अब उसे अपनी गलती पर बेहद अफसोस था । शशांक के भाई ने बड़े भाई के असफल दाम्पत्य से सबक लेकर जब अपने लिए लड़की पसंद

की तो महज शारीरिक सुंदरता को ही 'क्राइटिरिया' नहीं बनाया ।

यह हर्ष का विषय है कि आजकल महज खूबसूरती पर ही बल नहीं दिया जा रहा है । आज प्रतिभा ज्यादा मायने रखती है । आज लड़के-लड़कियों की प्राथमिकताएं बदल रही हैं । शिक्षा के प्रसार तथा परिपक्व होने पर ही विवाह होने के कारण वे यह बात अच्छी तरह समझने लगे हैं कि प्रेम बेशक सुंदर व्यक्ति से किया जा सकता है, किन्तु वह अच्छा जीवनसाथी सिद्ध हो, यह जरूरी नहीं, बल्कि इसके चांसेज कम ही हैं । इसीलिए जीवन साथी चुनते समय लड़के-लड़कियां गुणों को, प्रतिभा को और बैंक बैलेंस को ज्यादा महत्व देते हैं ।

नीना के लिए उसके मम्मी-पापा ने सौरभ को चुना था । सौरभ विदेश सेवा में अच्छे पद पर था । उसका फेमिली बैकग्राउंड भी बहुत अच्छा था । घर में सभी पढ़े लिखे, ऊंचे ओहदों पर थे लेकिन सौरभ का श्याम वर्ण देखकर नीना बिदक गई । चूंकि वह स्वयं बहुत गोरी-चिट्टी थी । 'मेरी सहेलियां मेरा मजाक उड़ायेगी । आशा का हसबैंड हॉलीवुड का हीरो लगता है ।' नीना के मम्मी-पापा को लड़का इतना पसंद था कि उन्होंने अपनी छोटी बेटी मीना की शादी उससे कर दी । नीना के नखरों ने उसे कहीं का न छोड़ा । स्कूल में पढ़ाते-पढ़ाते ही वह अधबूढ़ी हो गई । अब उसे यह सब रिजेक्ट कर देते । मीना की खुशहाली देखकर नीना के पास सिवा पश्चाताप के कुछ न बचा ।

नारी जागृति के इस युग में महिलाएं अपने अधिकारों के प्रति सचेत हो गई हैं । वह अपने बारे में स्वतंत्र रूप से सोचने में सक्षम हैं । अपनी अस्मिता की बात करने लगी हैं । अगर वे दोयम दर्जे का नागरिक और पुरुष के पैरों की जूती नहीं बने रहना चाहती हैं, तो उन्हें अपने जीवन साथी के रूप में ऐसा ही व्यक्ति चुनना चाहिए, जो उन्हें सम्मान दे, उनकी इज्जत करे और उन्हें बराबरी का हक दे । कहने का तात्पर्य यह है कि वह एक समझदार व्यक्ति हो, जिसमें महज बाहरी सौंदर्य ही न हो, अपितु जिसका मन भी सुंदर हो ।

अंग्रेजी में कहावत है "ब्यूटी इज ओनली स्किन डीप ।" जिसके पास वह अन्तर्दष्टि है, जो यह देख सके, वह जीवन में सुख के बीज बोता है । गोरा रंग दो दिन में ढल जाता है, हमेशा काम आती है स्वभाव की सुशीलता, विनम्रता एवं समझदारी । ●●

34

ऐसे शक्की पति से तौबा तौबा

आशना और करन दोनों मेडिकल कॉलेज में पढ़ते हुए ही प्रेम विवाह कर बैठे थे । सम्पन्न परिवार से थे, सो रोजी-रोटी की चिंता से मुक्त थे । पढ़ाई और स्पेशलाइजेशन के बाद उन्होंने अपना नर्सिंगहोम खोला । आशना ने कई मुश्किल केस बखूबी ठीक किए, तो उसकी लोकप्रियता बढ़ती गई । इधर, करन ने दो-तीन केस ऐसे बिगाड़े कि उसका नाम बदनाम हो गया । जहां करन खाली बैठा टीवी देखता रहता, आशना के पास मरीजों की भीड़ लगी रहती । धीरे-धीरे करन के स्वभाव में परिवर्तन आने लगा था और नौबत यहां तक आ पहुंची कि वह पत्नी को नीचा दिखाने की कोशिश करने लगा । बात बढ़ी तो करन ने पत्नी पर हाथ उठाना शुरू कर दिया । नतीजा यह हुआ कि दोनों में तलाक हो गया ।

रैना और जयकिशोर दोनों एक पब्लिक सेक्टर प्रतिष्ठित कम्पनी में इंजीनियर थे । अपनी काबिलियत और सदाचरण से रैना प्रमोट हो गई । जयकिशोर का प्रमोशन बॉस से झगड़ा हो जाने के कारण रुक गया । धीरे-धीरे यह बात जयकिशोर के लिए इगो पाइंट बन गई । अब वह हर समय इस बात को लेकर घुटता रहता । न कुछ बोलता-चालता न ठीक से खाता-पीता । हंसना तो वह जैसे भूल ही गया । उसे अपना प्रमोशन न होने से ज्यादा इस बात का दुःख सताता कि वह पत्नी से कमतर है । लोग मन ही मन उस पर हंसते होंगे । यह घुटन कुछ समयोपरांत ईर्ष्या में तब्दील होने लगी । वह रैना के हर कार्य में दोष ढूंढकर और सबके सामने उसे अपमानित कर संतुष्ट होता । औरत जब तक घर की चारदीवारी में कैद पति सेवा में जुटी रहती थी, तब तक तो सब ठीक था । हां, कभी-कभी पत्नी का बहुत सुंदर और स्वयं का कुरूप होना पति की ईर्ष्या का कारण होता था, लेकिन चूंकि औरत आर्थिक रूप से पूर्णतः पति पर निर्भर थी उसे पति के आगे हमेशा दबकर रहना पड़ता था । सही,

गलत जो भी हो पति की हां में हां मिलाकर ही चलना पड़ता था। ज्यादा पढ़ी-लिखी न होने के कारण उसमें आत्मविश्वास की कमी होना पति के लिए प्लस पाइंट बन जाता था, क्योंकि तब पुरुष की सुपरमेसी रहती थी।

वक्त बदला। औरतों की शिक्षा से समाज में गहरा बदलाव आ गया। लेकिन औरतों की उच्च शिक्षा से होने वाला परिवर्तन पुरुष को रास नहीं आया। उसकी जो आदिम मूल प्रवृति थी, उसे पनपने के लिए जमीन नहीं थी, औरत ने उसे बंजर बनाना शुरू कर दिया। वह अब बेहद क्षुब्ध था। नतीजा हुआ समाज में औरतों के प्रति अपराध बढ़ने लगे। पुरुष उसे नीचा दिखाने पर उतारू हो गया। कुछ अपनी गलत दिशा में जाती महत्वाकांक्षाओं के कारण नारी ने पुरुष का साथ देकर अपनी अस्मिता की कब्र खोद डाली। पैसे, शोहरत की हवस में नारी का पतन होने लगा। पुरुष का मनोविज्ञान शायद पहले की कम पढ़ी-लिखी स्त्रियां आज की स्त्रियों से बेहतर समझती थीं। पुरुष का अन्याय सहना किसी भी युग में किसी भी तबके की स्त्री के लिए जायज नहीं, लेकिन उसके अहम को चोट पहुंचाकर अपने को सुपीरियर साबित करना यह समाज की सुख-शांति के लिए घातक है। पति की ईर्ष्या को जीतने के लिए धैर्य और संयम की आवश्यकता है। 'अगर ये मुझसे जलते हैं, तो मैं उन्हें क्यों न और जलाऊं,' यह इस प्रकार का रवैया समस्या और बढ़ायेगा। पति को अपनी वफादारी और प्यार का एहसास करायें। यह समस्या तब और बढ़ जाती है, जब पति बीमार या अपाहिज होने के कारण घर पर ही रहता है और पत्नी नौकरीपेशा होती है। ऐसे में पति को पत्नी का किसी भी पराये मर्द से हंसकर बोलना जैसे फ्लर्ट करना लगता है। वह ईर्ष्या की अग्नि में कई बार अंधा हो जाता है और पत्नी के निर्दोष व्यवहार को शक की नजर से देखकर, पत्नी पर दोषारोपण करते हुए उसका जीना दूभर कर देता है।

संयम, धैर्य व कोशिशों के बावजूद पति की यह मानसिक बीमारी दूर न हो, तो उन्हें काउंसलिंग के लिए राजी किया जाए। जब हर कोशिश बेअसर होकर रह जाए और पत्नी को लगे कि वह जीते जी मौत की तरफ धकेली जा रही है या पागलपन की कगार तक पहुंच गई है, तो बेशक उसे हक है वह कोई भी कठोर कदम उठा ले। मसलन अलग रहने लगे, तलाक ले ले और एक समझदार पागल को अपने हाल पर छोड़ दे। यह जीवन उसे भी दोबारा नहीं मिलेगा। उसे भी सुखी रहने का अधिकार है। ●●

35

आदर्श पति होते नहीं बनाए जाते हैं

औरत में यह आदिम मनोवृत्ति होती है कि जो उसे आसानी से उपलब्ध हो, उसकी वह कद्र नहीं जानती, किन्तु जो उसे अप्राप्त नजर आता है, उसे पाने की वह प्राण-पण से चेष्टा करती है । उसको पसंद करके ब्याहने वाले बहुत मिल जाएंगे, लेकिन उन सबको छोड़कर कई बार जब वह अपनी ही सखी या दूर की रिश्तेदार के या पड़ोसन के पति या ऑफिस के विवाहित सहकर्मी से फ्लर्ट करना शुरू कर देती है, तो बात आगे बढ़ते और किसी निर्दोष स्त्री का घर टूटते देर नहीं लगती । कभी किसी केस में हो सकता है, पत्नी की भी गलतियां हों, लेकिन ऐसा कम होता है ।

ऐसे मामले में पुरुष दोषी कम कहलाएगा, क्योंकि उसकी फितरत ही ऐसी है । लेकिन स्त्री से आशाएं ज्यादा रखी जाती हैं, क्योंकि ईश्वर ने उसे धैर्य और त्याग की मूरत बनाया है । अगर पुरुष वास्तव में संस्कारहीन नहीं है, नैतिक मूल्यों को मानकर उन पर चलता है, तो वह ऐसी स्त्री के जाल में नहीं फंसेगा । सोचने वाली बात यह है कि जिस औरत का कैरेक्टर ही नहीं है, उससे सम्बंध बनाकर क्या हासिल होगा । दु:ख की साथी पत्नी ही हो सकती है, फ्लर्ट करने वाली स्त्री नहीं ।

मीनाक्षी और बाला दोनों सखियां एक-दूसरे पर जान छिड़कती थीं । मीनाक्षी साधारण रंगरूप की थी, जबकि बाला किसी मॉडल से कम नहीं थी । कॉलेज के लड़के-लड़कियां उसकी तुलना ऐश्वर्या राय से किया करते थे । चांस की बात है मीनाक्षी को बहुत ही स्मार्ट सजीला हैंडसम पति मिला, लेकिन बाला के मां-बाप ने सिर्फ पैसा देखकर जिस लड़के से उसकी शादी की, उसका व्यक्तित्व पत्नी के सामने बहुत ही बौना

लगता था। शादी के बाद भी चूंकि दोनों सहेलियां एक ही शहर में ब्याही थीं, वह एक-दूसरे से मिलती रहीं। पहले-पहले तो मीनाक्षी के यौवन में डूबा पति केवल उसी का था लेकिन जब बाला ने स्वयं आगे होकर सहेली के पति पर डोरे डालकर उसे फांसना चाहा, तो वह कच्चे धागे से बंधा चला आया उसके आगोश में। मीनाक्षी को जब तक पता चला बहुत देर हो चुकी थी। उसका पति पूरी तरह बाला के जाल में फंस चुका था। कई पुरुषों की तरह कई स्त्रियों को भी एक का बनकर रहना अच्छा नहीं लगता। उन्हें दूसरों के पति में वे सब बातें दिखाई देती है, जिसे वे शिद्दत से चाहती हैं। अपने पति में तो उन्हें सिर्फ ऐब ही ऐब नजर आते हैं। वे यह भूल जाती हैं कि हर व्यक्ति में अगर खूबियां होती हैं, तो खामियां भी होती हैं। जैसे किसी में खामियां होती है, तो खूबियां भी होती हैं, मुकम्मल तो कोई नहीं होता। अगर आपने उपयुक्त पति का चयन किया है, तो दाम्पत्य में तालमेल बैठाकर उसमें खुशियां, संतुष्टि हासिल करना काफी हद तक आपके अपने जीवन दर्शन और स्पष्ट नजरिए पर आश्रित रहता है। याद रखिए आदर्श पुरुष होते नहीं, बनाए जाते हैं। अगर स्त्री अपनी आंखें खुली रखे, तो विवाहेत्तर सम्बंधों की अनैतिकता तथा उससे होने वाली बर्बादी को वह देख सकेगी। किसी की आहें लेकर कोई फल-फूल नहीं सकता। एक अपराधबोध हमेशा उसे कोंचता रहेगा।

●●

36

वे जैसे हैं, उन्हें वैसे ही स्वीकारिए

समीरा अपने अतिसंवेदनशील स्वभाव के कारण जीवन में हर कदम पर आहत होती रहती । ईश्वर का दिया उसके पास सब कुछ था । वह एक निहायत खुशहाल जिन्दगी जी सकती थी, मगर ऐसा नहीं था । वह स्वयं जैसी थी, लोगों के साथ जिस सभ्यता, प्रेम के साथ पेश आती थी, वह ठीक वैसा ही व्यवहार औरों से भी चाहती थी, लेकिन ऐसा नहीं होता था। दुनिया में सभी तरह के लोग हैं । एक तरह से मोटे तौर पर देखा जाए, तो ये भिन्नताएं ही दुनिया को दिलचस्प बनाती हैं । वर्ना सोचिए अगर सब एक जैसे हो जाएं, बिल्कुल सेम टू सेम, तो जीवन में क्या मजा रह जाएगा, क्या वह निहायत ऊबाऊ नहीं बन जाएगा ?

यही बात समीरा को जब उसके मनोचिकित्सक ने समझाई, तो उसका जीवन के प्रति नज़रिया ही बदल गया । अब वह प्रसन्न रहने लगी थी, क्योंकि उसने जीने का यह मूल मंत्र 'एक्सेप्ट अदर्स एज़ दे आर' समझ लिया था ।

एक महान् दार्शनिक के इस कथन में गहरी सच्चाई है, जब वे कहते हैं कि हर कोई मानवता को बदलने की सोचता है, लेकिन अपने को बदलने का कोई नहीं सोचता । वास्तव में जीवन जीने का सबसे बढ़िया फार्मूला है समर्पण तथा सामंजस्यता । दूसरों के स्वभाव को लेकर कुढ़ते रहने से कुछ हासिल नहीं होता । अपनी ही सेहत पर बुरा असर पड़ता है, दूसरे का कुछ नहीं बिगड़ता है, आप अपना सुख चैन खो बैठते हैं ।

ईर्ष्या, द्वेष, कुंठाएं इंसान में होती हैं । कई लोग इन पर विजय पा लेते हैं, मगर कई लोग अपनी नकारात्मक सोच के चलते इन्हीं में डूब के रह जाते हैं । अगर ऐसे लोगों की बुरी आदतों को लेकर अच्छी सोच वाले

दुखी होते रहें, तो वे अपने जीवन के कितने ही अनमोल क्षण जाया कर देते हैं। वे अनमोल क्षण जिनमें वह बहुत कुछ सीख सकते थे, बहुत कुछ रचनात्मक कार्य कर सकते थे। अपना स्वस्थ मनोरंजन कर सकते थे।

मिस्टर एंड मिसेस चौधरी हर तरह से बेमेल जोड़ी लगते थे। जहां मिस्टर चौधरी लंबे, ऊंचे, गोरे-चिट्टे, हंसमुख प्रभावशाली व्यक्तित्व के मालिक, बहुत पढ़े-लिखे विद्वान थे, वहां मिसेस चौधरी गहरे रंग की, नाटी, सींक सलाई सी, केवल हाईस्कूल पास, निहायत साधारण स्त्री थीं। वे स्वभाव से इंट्रॉवर्ट, अपने में ही रहने वाली थीं, जबकि मिस्टर चौधरी को हर समय लोगों से घिरे रहना अच्छा लगता। लेकिन फिर भी उन दोनों पति-पत्नी में गज़ब की अंडरस्टैंडिंग, तालमेल और प्यार था। कारण था उनका एक-दूसरे को जस का तस स्वीकारना। वे एक-दूसरे की निजता का आदर करना जानते थे। अपनी मर्जी वे कभी एक-दूसरे पर थोपते नहीं थे। दुःख की बात है, आज कई जोड़े इस गोल्डन रूल से अनभिज्ञ एक-दूसरे को बदलने के फेर में तलाक के कगार तक पहुंच जाते हैं।

कई अभिभावक अपने बच्चों की भलाई चाहते हुए अनजाने ही उनके गुनहगार बन जाते हैं। बगैर बच्चे का मन उसका रूझान समझे, वे उसे अपनी ही छाया में परिवर्तित करने की गलती कर बैठते हैं। कई अभिभावक ग्रोन अप बच्चों को भी छोटे बच्चे की तरह ही ट्रीट करते हैं। सविता को सिलाई-कढ़ाई, बुनाई से बेहद चिढ़ है, लेकिन मां है कि वे उसे इनमें पारंगत बनाने पर तुली हुई हैं। नतीजा सविता का विद्रोह और हर समय का लड़ाई-झगड़ा।

माता-पिता अक्सर ग़लत समझे जाते हैं। उनके भीतर झांकने का कष्ट कोई नहीं करता। बस जो ऊपर से नजर आता है, उसी से उन्हें कंडेम कर दिया जाता है। दरअसल बेचारे बच्चे नहीं, बल्कि स्वयं अभिभावक हैं। व्यक्तिवाद का पाठ पढ़ाने वाले कुकुरमुते की तरह यहां-वहां सब तरफ उग आये हैं। खलील जिब्रान का कथन 'दे बोर्न थ्रू यू डू नॉट बिलांग टू यू' आज के बुद्धिजीवियों को रट गया है। इसका प्रचार-प्रसार हमारे मूल्यों पर कुठाराघात करने जैसा होगा। मां-बाप की

चिंता या प्यार, तानाशाही नहीं है । बच्चों को जब अच्छे बुरे की समझ नहीं होती, वे मां-बाप ही है जो उन्हें सही राह दिखाते हैं ।

हो सकता है अपने बच्चों की भलाई को लेकर अति उत्साहित माता-पिता अपना रोल ओवर एक्ट करने लगें, तब जरूर उन्हें संभालने की जरूरत है । बच्चों से दोस्ताना रवैय्या शुरू से रखा जाए, तो उन्हें समझ पाना मुश्किल नहीं । एक उम्र तक पहुंचते वे अपनी जगह स्वयं बना लेंगे। समझदार अभिभावक हमेशा अपनी हद में ही रहेंगे । अभिभावकों की उनके प्यार, स्नेह के लिए आलोचना करते हुए आलोचक यह भूल जाते हैं कि इस तरह वे बच्चों को एहसानफरामोशी का पाठ पढ़ा रहे होते हैं । अपनी जरूरत पूरी होते ही दामन झटक लेना इंसानियत नहीं होगी। कहां गई थी उनकी स्वतंत्रता की डिमांड, जब वह इस संसार में आए थे ? मां-बाप अपनी चिंता बच्चे को अपनत्व से कम कर सकते हैं, लेकिन इसके लिए उनकी लानत-मलामत कर उन्हें शर्मसार करना तहज़ीब के खिलाफ है ।

बात जब गैरों की हो तब जरूर यह कहा जा सकता है कि बगैर मांगे बगैर पूरी जानकारी के किसी को सलाह देना उचित नहीं । आपके मन में भले ही औरों के लिए सद्‌भावना हो और उसी के तहत आप उन्हें सलाह दे रहे हों, लेकिन बात कहने का ढंग गलत हो, वक्त गलत हो, जगह गलत हो तो दूसरा व्यक्ति बुरा मान सकता है । यह भी हो सकता है, आपको जो ठीक लग रहा है, वह गलत हो । आपकी जानकारी ही आधी-अधूरी या गलत हो ।

रीना अपना मोटापा कम करने के लिए जिम जाती थी । उसकी सहेली निहार की मां भी काफी मोटी थीं और अपने मोटापे से परेशान थीं। रीना ने उन्हें जिम में की जाने वाली सभी एक्सरसाइज सिखा कर उन्हें रेग्युलर करते रहने की सलाह दी । बगैर इस बात को रिएलाइज़ किए कि निहार की मां दिल की मरीज थीं और उनके लिए वे एक्सरसाइज नुकसानदेह साबित हो सकती थीं और हुआ भी वही । उनका मोटापा तो क्या ही घटा, हां अस्पताल में जरूर भर्ती होना पड़ गया ।

कई बार सलाह देना और लेना एक खेल बन जाता है । कई लोग अपने को सुपीरियर समझ बात-बेबात हर एक को राय देते रहते हैं । ऐसे

में उनका अहं तो जरूर संतुष्ट हो जाता है, लेकिन दूसरा जिसे उनकी राय की कतई जरूरत नहीं है, उनकी बातों से अपने को नीचा महसूस करता है। उसे लगता है कि सामने वाला उन्हें बेवकूफ समझकर उनकी तौहीन कर रहा है। खासकर कल की आई बहुएं जब सास को घर कैसे चलाना है, बताने लगती हैं, तो स्वाभाविक है सास इसे अपनी तौहीन समझे। हां अगर वह यह कहे मम्मी ऐसे कर लेते हैं, यह ज्यादा अच्छा लगेगा। आपकी क्या राय है ? तब शायद सासु मां नाराज़ न होकर अपनी राय बदल दें।

इसी तरह दवाइयों के मामले अक्सर लोग नीम-हकीम बनकर खतरा-ए-जान बन जाते हैं। बग़ैर उचित मेडिकल ज्ञान के चूंकि वह दवा आपको फायदा कर गई, आप दूसरों को भी वही दवा उतनी ही मात्रा में लेने को नहीं कह सकते। वह उनको फायदे के बजाय नुकसान भी कर सकती है। खासकर जो स्ट्रांग मेडिसन हैं।

भलाई का जज्बा एक हद तक ही ठीक है, पर इसे अपनी आदत न बना लें। इससे लोग सिर्फ आपका शोषण करेंगे और फिर दूध में पड़ी मक्खी की तरह निकाल फैकेंगे। अपनी डिगनिटी बनाए रखें और सीमा में रहकर दूसरों के सम्मान को आहत किए बग़ैर सोशल सर्विस करते रहें।

●●

37

अपनी नादानियों से और न बढ़ाएं पति की परेशानी

विजय का प्रमोशन होना निश्चित था । बॉस उसके काम से काफी संतुष्ट थे । सीनियरिटी में भी वह सबसे ऊपर था, लेकिन सिफारिश के कारण प्रमोशन विजय के जूनियर विनय का हो गया । विजय इसके बाद से गहरे डिप्रैशन में चला गया । अब न वह किसी से हंसता-बोलता और न ही ठीक से खाता-पीता । हमेशा खुश रहने वाला विजय अब हर समय बुझा-बुझा सा रहने लगा । एक दिन पत्नी नयना ने उनकी प्लेट में एक चपाती ज्यादा क्या रख दी कि विजय ने प्लेट ही जमीन पर दे मारी । इस पर नयना को भी गुस्सा आ गया और उस दिन उनके बीच काफी झगड़ा हो गया । विजय ने कमरा भीतर से बंद कर ढ़ेर सारी नींद की गोलियां गटक ली, जो वह नींद न आने की वजह से इन दिनों रोज लिया करता था और थोड़ी ही देर में वह हमेशा के लिए दुनिया छोड़ गया ।

काश ! ऐसे समय में पत्नी ने धीरज से काम लेकर पति का मनोबल बढ़ाया होता, लेकिन पत्नी की नादानी ने ही उसे हमेशा के लिए रोने पर मजबूर कर दिया । निपुण पर रातों-रात करोड़पति बनने का जुनून सवार था । तनख्वाह का काफी हिस्सा वह दुनिया भर के लाटरी टिकटों पर और इसी तरह की स्कीमों में खर्च कर देता है । एक बार किसी लाटरी में उसका एसी क्या निकल आया, उसका तो हौंसला बढ़ गया । वह अब चोरी छिपे जुआ भी खेलने लगा कि बस किसी तरह मालामाल हो जाऊं । वह शेखचिल्ली की तरह ख्याली पुलाव पकाता । उसकी पत्नी मानसी काफी समझदार महिला थी । वह उसे प्यार से ही समझाती रहती, क्योंकि जानती थी कि झगड़े से कुछ नहीं होने वाला, लेकिन मानसी द्वारा निपुण को समझाने पर वह उसे 'हां', 'अच्छा' 'बस ये आखिरी बार' कहकर

टाल देता, किंतु अगले महीने फिर वही सब दोहराता। मानसी पढ़ी-लिखी थी। अतः उसने नौकरी कर ली और बहुत जल्द उसकी पदोन्नति भी हो गई। अपने पैसों पर पति को न तो उसने हाथ धरने दिया और न ही अपनी तनख्वाह को हवा लगने दी। निपुण के स्वाभिमान के लिए यह चैलेंज था। पत्नी की पदोन्नति और अपने सर्कल में उसका बढ़ता सम्मान देख निपुण ने आखिरकार अपना रवैया बदल लेने में ही भलाई समझी।

अनिकेत पत्नी के होते हुए भी अपने ही ऑफिस में काम करने वाली एक मुसलिम लड़की अफशां से प्यार करने लगा। दोनों अक्सर रेस्तरां तथा पिक्चर इकट्ठे जाते। अनिकेत को अच्छी तनख्वाह मिलती थी, इसलिए वह अक्सर उसे कीमती उपहार आदि देकर खुश रखता। अफशां का इस बीच एक बड़े घर से रिश्ता आ गया और अफशां ने वहां 'हां' कहकर अनिकेत की उपेक्षा करनी शुरू कर दी। अनिकेत तो अब तक अफशां के प्यार में ऐसा पागल हो गया था कि उसे उसके बिना चैन न था। अफशां द्वारा एकाएक इस तरह ठुकराए जाने पर वह बुरी तरह बौखला गया और हर समय परेशान-सा रहने लगा। उसे यह सब अपने पुरुषत्व का अपमान लगा। उसमें हीन भावना घर कर गई। अब वह अपना सारा क्षोभ पत्नी और बच्चों पर निकालने लगा।

पत्नी मधु अनिकेत और उस मुसलिम लड़की के बारे में सब कुछ जानती थी, लेकिन उसने समझदारी दिखाते हुए पति से इस विषय में कभी कुछ नहीं कहा। उसे विश्वास था कि आखिर उसका पति उसके पास ही लौटेगा और हुआ भी यही। अनिकेत ने जब इस बात को रियलाइज किया कि मधु ने कैसे दरियादिली दिखाते हुए उसे न केवल माफ कर दिया है, बल्कि सब कुछ जानते हुए भी कभी उफ तक न की, कभी कोई शिकायत नहीं की, तो उसके मन में पत्नी का दर्जा प्रेयसी से कहीं ऊंचा हो गया। मधु की वफादरी के आगे वह नतमस्तक हो गया।

अफशां की बेवफाई ने अनिकेत की आंखें खोल दी थी। अक्सर देखा गया है कि पुरुष अपनी हार को स्वीकार नहीं कर पाता है। असफलता से वह बौखला जाता है, जिसका खामियाजा अक्सर पत्नी को भुगतना पड़ता है। अगर ऐसे समय में वह थोड़ी समझदारी दिखाए और लड़ने-झगड़ने, रोने-धोने या क्रोध करने के बजाए सहानुभूतिपूर्वक समझने

की कोशिश करे, तो यही सच्चे प्यार की पहचान है। पति का सुख यदि आप मजे से बांटती हैं, फिर उनका दुःख या परेशानी आप क्यों नहीं बांट सकती हैं ? विवाह के समय उनके साथ आपने भी तो सुख-दुःख दोनों परिस्थितियों में एक-दूसरे का साथ निभाने का वादा किया था।

पति को आप तभी हिम्मत बंधा सकती हैं, जब आप में स्वयं में भीतरी ताकत हो। अगर नहीं है, तो आपको अपने पति और बच्चों के लिए इसे पैदा करना ही है। कभी ताने-तिश्ने से बात न करें, क्योंकि ये तो जलती आग में घी का काम करते हैं।

बच्चों के मन में पापा के लिए इज्जत हो, इस बात का ध्यान रखते हुए उनसे कभी अपने पति की बुराई न करें। 'नेगिंग वाइफ' बनने से बचें अर्थात् हर बात में खोट निकालना और हर समय आलोचना करना इन बातों से पति में हीन भावना आ सकती है। जिस तरह आप प्रशंसा की भूखी रहती हैं, उसी तरह पति भी आपसे इसकी अपेक्षा करते हैं। अतः सही मौके पर अच्छे काम के लिए उनकी प्रशंसा करने से न चूकें और समय-समय पर उनकी उपलब्धियां गिनाने में भी कोताही न बरतें। ध्यान रहे कि पति की परेशानी आपकी भी परेशानी है। अपनी नादानियों से उसे और न बढ़ाएं और न ही पल्ला झाड़ने जैसी खुदगर्जी अपनाएं।

●●

38

विवाहोपरांत जरूरी है कुछ बातों को ध्यान में रखना

श्वेता जी के दो बच्चे अमेरिका में सेटल हो गए थे। तीसरे नंबर की बेटी को लेकर वे चिंतित थीं कि कहीं वह भी शादी के बाद दूर न चली जाए। इसलिए वह उसके लिए लोकल रिश्ता ढूंढने में जुटी थीं। उन्हें एक अच्छा घर-वर मिल भी गया। बात बन गई और रुचि ब्याहकर नजदीक ही चली गई। उसका पति सुशांत बहुत ही हंसमुख समझदार लड़का था। अपने पेरेंट्स के प्रति अत्यंत डिवोटेड। उसका एक हंसता खेलता परिवार था, जिसमें सभी आपस में नजदीकी से जुड़े थे। बड़ा भाई अपनी पत्नी और बच्चों के साथ हालांकि अलग रहता था, लेकिन सुख-दुःख में बराबर शरीक रहता।

प्रॉब्लम तब शुरू हुई जब रुचि घर में बहू बनकर आई। वैसे स्वभाव की वह बहुत अच्छी थी, मगर कुछ बचपना था जो कि शायद समझा जा सकता है कि अभी वह इतनी परिपक्व न थी। उसके माता-पिता वैसे तो स्वभाव के अच्छे थे और लड़ाकू तो बिल्कुल भी न थे। वे रुचि के घरवालों को पूरा आदर-सम्मान देते, लेकिन उनकी वीकनेस उनका बेटी को लेकर अत्यंत पोजसिव होना था। मां को बेटी से इतना मोह था कि वह बेटी की जुदाई सहन नहीं कर पाती थीं। पति बिजनेस के सिलसिले में अक्सर बाहर रहते। ऐसे में वह बार-बार रुचि को फोन कर घंटों बातें करती और उसे किसी न किसी बहाने अपने पास बुला लेतीं।

ससुराल वाले पहले तो शराफत में कुछ नहीं बोलते थे। यह सोचकर चुप रह जाते कि रुचि खुश रहे, उसका मूड ऑफ न हो। लेकिन फिर अति होने लगी। उनकी अपनी लाइफ बुरी तहर डिस्टर्ब होने

लगी थी । घर जैसा माहौल ही नहीं रह गया था । रुचि ने ससुराल को होटल समझ लिया था । जब मर्जी है आ गई, जब मर्जी है पीहर चल दी । वह ससुराल में बिल्कुल रम ही नहीं पा रही थी । जब आती तो वहीं की बातें करती ।

शीना के साथ तो हालत और भी खराब थी । वह सुसराल से चीजें उठाकर पीहर ले जाती । पीहर वालों की आर्थिक स्थिति ससुराल के मुकाबले में थोड़ी कम थी, लेकिन अपनी चीजों से सभी को मोह रहता है । ननद की कोई कॉस्मेटिक, पर्स या आर्टिफिशल ज्वैलरी वह अपनी बहन को दे आती । उधर मां हमेशा उल्टी-सीधी पट्टी पढ़ाकर उसे सास, ननद से लड़ने को उकसाती रहती । शादी को अभी कुछ ही माह बीते थे कि अलगाव की नौबत आ गई । पति ने समझाने का बहुत प्रयत्न किया, लेकिन शीना थी कि अपनी ही जिद पर अड़ी रहती । सास व ननद का वह काम में जरा भी हाथ न बंटाती और जरा-जरा सी बात पर लड़ने को तैयार रहती ।

मनीषा का मायका भी लोकल ही था । उसके यहां हर समय पीहर वालों का जमघट लगा रहता । बेचारी सास उनकी खातिर करते-करते परेशान हो जातीं । वह पहले ही आर्थराइटिस की मरीज थीं । मनीषा आराम से बैठ कर उनसे बतियाती रहती । बस उनके सामने भली बनने को कह देती और मांजी आपने कष्ट किया, मैं तो अभी उठ ही रही थी । सास 'कोई बात नहीं बेटी' कहकर उसकी इज्जत रख लेती । मायके की नजदीकी के कारण मनीषा सुसराल से जुड़ नहीं पा रही थी । न उसे घर की जिम्मेदारी का अहसास हो पा रहा था न बहू के दायित्व का । वह अभी भी बच्ची ही बनी हुई थी । उसकी मां अक्सर मनीषा की सास से हंसते हुए कहती 'हमारी मनीषा तो बिल्कुल डॉल है' वह कभी उसे सास के काम में हाथ बंटाने को नहीं कहतीं । वे यही चाहतीं कि सास ही उनकी बेटी की सेवा करती रहे । उसे हाथ भी न हिलाना पड़े । अक्सर बहू की परख काम को लेकर ही होती है । जो लड़की काम से जी नहीं चुराती, वही बहू का सही फर्ज निभाती है । कामचोर बहुओं से उम्मीद भी क्या की जा सकती है ?

हर समय फोन पर बतियाना, होटल, क्लब, पर्यटन को ही सुख का

पर्याय समझना, शॉपिंग का शौक और मॉरल वैल्यूज ज़ीरो । अब ससुराल वाले या तो दबकर सहते रहें तो किसी तरह इज्जत बनी रहेगी वर्ना घर, टूटते बिखरते देर नहीं लगती ।

आजकल मायके वाले लड़की को लेकर फोबियाग्रस्त रहने लगे हैं। यही कारण है कि वे बेटी की ससुराल में रहते पल-पल की खबर रखना चाहते हैं । इस तरह के हालात हो तो अच्छा है कि वह बेटी को कुंआरी ही रखें । किसी हंसते खेलते परिवार में कहर न बरपायें ।

बहुओं को चाहिए कि नासमझ मां-बाप को समझाएं कि अब उसकी प्राथमिकताएं बदल गई हैं । एक मर्यादित दूरी और व्यवहार से ही समधियों के रिश्ते मधुर रह सकते हैं । वे सुख-दुःख में जरूर शरीक हों लेकिन वैसे दूरी रखे, वही ठीक है । लड़कियां पीहर की बातें वहीं छोड़कर आयें। वहां से मोह धीरे-धीरे कम करें, तभी ससुराल में रम पायेंगी । प्यार मन में रखकर व्यावहारिक बनें ।

●●

39

प्यार ही नहीं, जीवनसाथी का आदर भी करें

जब स्नेहा और रोहित ने अपनी शादी की घोषणा की, तो उनके परिवार और मित्रों में खुशी की लहर दौड़ गई । सभी की राय थी कि इतनी सुंदर जोड़ी कम ही देखने को मिलती है । दोनों ही मीडिया से जुड़े थे । स्नेहा जर्नलिस्ट थी, तो रोहित प्रेस फोटोग्राफर था । उनका लव अफेयर तीन साल से चल रहा था । लेकिन एनाउंसमेंट के कुछ ही रोज बीते थे कि स्नेहा दुविधा में आ गई, "क्या मेरा यह निर्णय सही है ?" "क्या हमारी शादी सफल होगी ?" यही प्रश्न उसे बार-बार कुरेद रहे थे ।

हर इस तरह की सोच जिसमें 'क्या' और पता नहीं जैसी दुविधा होती है, किसी न किसी पलायन द्वार की ओर ले जाती है । इन पर जितना सोचो, पलायन की संभावना उतनी ही बढ़ जाती है ।

स्नेहा के केस में हुआ यह कि स्नेहा एक बार अपने चचेरे भाई यशवंत के साथ उसके कहने पर एक इंग्लिश मूवी देखने चली गई । वहां पर उसे रोहित भी मिल गया । यशवंत रोहित के मुकाबले काफी हैंडसम और अमीर था । रोहित को यशवंत को देखकर कॉम्पलेक्स हो गया । बाद में उसने स्नेहा को इस बात को लेकर काफी कुछ कह दिया । उसके शक और ईर्ष्या ने ही स्नेहा को अपनी शादी को लेकर सोचने पर मजबूर कर दिया । "पहले ही ये हाल है तो बाद में क्या हो", वह स्वयं से पूछने लगी थी ।

मैरिज काउंसलर रति निझावन का कहना है कि वैवाहिक जीवन में शक और ईर्ष्या तीखी धार के अस्त्र हैं । जो शादी की चादर को धीरे-धीरे काटते चले जाते हैं ।

यह एक सच है कि वैवाहिक जीवन में आदर देने से ही आदर मिलता है । विवाह एक ऐसा सुखद रिश्ता है, जिसमें बंधन होने पर भी आजादी की संभावना है । यदि एक-दूसरे के निज को समझ कर चला

जाए, तभी इसमें घुटन से बचा जा सकता है । जहां सफल वैवाहिक जीवन के लिए सकारात्मक सोच, संवेदनशीलता, धैर्य और आपसी समझ आवश्यक है, वहीं एक-दूसरे के प्रति आदर भाव होना भी जरूरी है ।

आदर के लिए दूसरे का उच्च शिक्षित होना या अमीर घर से होना या बहुत खूबसूरत होना जरूरी नहीं । आदर की प्रथम जरूरत है प्रेम । देखा जाये तो आदर और प्रेम इस तरह जुड़े हुए भाव हैं कि एक से दूसरे को अलग रूप से नहीं देखा जा सकता ।

आदर से दूसरे को कैसे जीता जा सकता है, इसका उदाहरण है संगीता । देखने में बेहद खूबसूरत, प्रतिभावान, एक मल्टीनेशनल कम्पनी में मोटी तनख्वाह पाने वाली सॉफ्टवेयर इंजीनियर संगीता जब नीरज जैसे साधारण दिखने वाले बी कॉम पास लड़के से ब्याही गई, तो किसी को उम्मीद नहीं थी कि उनकी शादी टिक पाएगी । लेकिन संगीता ने अपने मधुर व्यवहार से न केवल पति का दिल जीत लिया बल्कि घर भर की चहेती बन गई । पति का छोटे से छोटा काम वह खुशी-खुशी करती, उसकी पसंद, नापसंद, खानपान की आदतें पहनावे आदि को उसने अपने जहन में बारीकी से उतार लिया और उसी तरह चलने लगी थी बगैर पति को शिकायत का मौका दिये । प्रेगनेंट होते ही उसने पति के कहने पर जॉब छोड़ दिया । ऐसी पत्नी का भला पति आदर कैसे न करता ।

कई पति यह कहते मिलेंगे कि पत्नी को उसकी औकात में रखना चाहिए, नहीं तो वह सर पर चढ़ जाती है । उनके अनुसार कभी-कभी दो चार हाथ लगाने में कोई बुराई नहीं है । वे यह बात भूल जाते है कि पत्नी की अपनी अस्मिता है, स्वतंत्र व्यक्तित्व है जिसे उसने पति के पास गिरवी नहीं रख दिया है ।

प्यार का मतलब कई बार उनके लिए भौतिक जरूरतों की पूर्ति और यौनिक संतुष्टि मात्र होता है । उनके लिए पत्नी को यह सब मिल रहा तो यही काफी है । शायद ऐसे ही लोगों को देखकर कुछ लोगों ने यह धारणा बना ली है कि वैवाहिक जीवन महिलाओं के आत्मसम्मान और आजादी को समाप्त करने का यह समझौता मात्र है । यह स्त्रियों को अपमानित करता है ।

यह सच है कि वैवाहिक जीवन के अपने जोखिम हैं । जहां बहुत

कुछ दांव पर लगा होता है। लेकिन लाख जोखिमों के बावजूद यह कहा जा सकता है कि यह केवल वैवाहिक जीवन ही है, जो स्थायित्व भरा आनन्द और प्रेम का एक निरंतर प्रवाहमान स्रोत प्रदान करता है, जीवन को प्रेरणा से भरता है, जीवंत बनाकर उत्साह से भरता है और पति-पत्नी के सम्पूर्ण व्यक्तित्व के विकास में बाधा न बन सहायक बन जाता है।

विवाह को स्थायित्व प्रदान करने का एक बढ़िया फार्मूला है-समय-समय पर इस रिश्ते का विश्लेषण करना। अपनी गलती को रियलाइज करें। साथी से केवल काम भर की बातें करके ही न रह जाएं, बल्कि दिल की बात भी बतायें। इस स्तर पर संवाद एक-दूसरे को समझने के लिए जरूरी हैं।

परिवर्तन जीवन का नियम है। सब कुछ अस्थाई है सिवा परिवर्तन के। विवाहोपरांत स्त्री पर बच्चों के पालन-पोषण का उत्तरदायित्व भी होता है, तो काफी कुछ त्याग करना पड़ता है। कई बार नौकरी छोड़नी पड़ती। घर के लिए प्रमोशन के चांस खोने पड़ सकते हैं। पहचान तक खोनी पड़ सकती है। इन सब का फ्रस्ट्रेशन वह पति पर न निकालें। इसमें उनका क्या कसूर ? क्या यह सब आपने अपनी खुशी, अपनी सुरक्षा के लिए नहीं किया है। पॉजिटिव साइड देखते हुए घर-गृहस्थी में दिये अपने योगदान की कद्र करें। उस पर गौरव महसूस करें। पति का निरादर यह कह कर न करें कि आपने उनके लिए अपनी जिन्दगी तबाह कर डाली।

पुरुष के जीवन में परिवर्तन कुछ और ही रंग लाते हैं। उम्र के पचास से साठ वर्ष के मध्य वह शीर्ष पद पर होता है। उसके पास सत्ता, शक्ति और फिटनेस सब कुछ होता है। ऐसे में कई बार घर की ऊबाऊ रूटीन, वहां का खालीपन और पत्नी का बुझा-बुझा सा या कभी कड़वाहट से भरा तीखा स्वरूप उसमें वितृष्णा भर देता है। उसे लिफ्ट देने वाली बहुत मिल जाती हैं, तब उसके बहकने के चांसेज काफी होते हैं। पत्नी के लिए अगर मन में आदर होता है, तो वह उस पर अंकुश लगाये रहता है, टेंपटेशन से बच जाता है।

एकनिष्ठ प्रेम में ही सुकून एवं शांति है। आजकल जो साथी बदलने की हवा चल पड़ी है। उसी का अंजाम है समाज में फैलती अराजकता, अशांति, बिखराव और बढ़ते मानसिक दबाव व तनाव। ●●

40

दाम्पत्य में दरार

एक कपड़ा मिल में बतौर सेल्स मैनेजर कार्यरत शिखा उनियाल का विवाह हुए सात वर्ष हो गये । पति एक गैर सरकारी कम्पनी में इंजीनियर हैं । दो बच्चें हैं जो अच्छे स्कूलों में शिक्षा प्राप्त कर रहे हैं । पति-पत्नी दोनों ही समृद्ध परिवारों से हैं । कोठी, कार, नौकर-चाकर सब कुछ होने पर भी उनियाल दम्पति खुश नहीं हैं । आपस में वैचारिक मतभेद होने के कारण उनकी जिन्दगी तनाव भरी बनी हुई है । दोनों में एक भी एडजस्ट करने, झुकने को तैयार नहीं । अपने अपने अहं के विषधरों को पाले वे हमेशा एक-दूसरे पर फुंफकारने को कटिबद्ध रहते हैं । उनकी रात-दिन की लड़ाई में मासूम बच्चे अपना बचपन ही भूल गये हैं । हर समय डरे से रहते हैं । पति-पत्नी की नासमझी के कारण घर तबाह हो रहा है ।

यह तो एक उदाहरण है, किन्तु ऐसे न जाने कितने दाम्पत्य होंगे, जिनमें आपस में तालमेल, सहयोग नहीं होने के कारण भारी तनाव रहता है । नारी स्वतंत्रता की गलत व्याख्या पत्नियों को दिग्भ्रमित कर देती है । अपने अस्तित्व को स्वीकारने का अर्थ वे पति पर हावी होना समझ लेती हैं । पुरुष भी अपने पौरुष का गलत अर्थ लगाकर पत्नी को दबाकर उसकी स्वतंत्रता पर अंकुश लगाकर रखना ही अपना ध्येय बना लेते हैं । परिणाम स्वरूप दाम्पत्य जीवन में टकराव होता है । दरार पड़ने लगती है ।

यह एक माना हुआ तथ्य है कि स्त्री-पुरुष एक-दूसरे के पूरक हैं । एक के बिना दूसरा अधूरा है । ऐसे में दोनों का दिमागी संतुलन ही उनके रिश्तों को सार्थक बना सकता है ।

संतुलन बनाये रखने के लिए आपसी समझ एडजस्टमेंट एवं सहयोग

आवश्यक है। लेकिन वास्तविक स्थिति आज यह है कि उच्च शिक्षा ने नारी को दम्भी और अहंकारी बना दिया है। अपने स्त्रियोचित गुणों को वह पुरानी बातें समझकर त्याग रही है। यह न सिर्फ प्रकृति का विरोध है, बल्कि समाज के लिए भी घातक है। आधुनिक बनने की धुन में वह पश्चिम की अंधाधुंध नकल पर उतर आई है। नौकरी करने के कारण उसका कार्यभार बढ़ गया है। बाहर जाने के लिए अपने रख-रखाव, बच्चों की परवरिश के साथ उनके बढ़ते दबाव, ढेर-सी किताबें और लम्बे-चौड़े सिलेबस तथा जानलेवा प्रतियोगिता के कारण मुश्किल से मुश्किल होता जा रहा है। सब नारी को बेहद तनावग्रस्त रखते हैं और उनके ढेर तले उसके स्वभाव की प्राकृतिक कोमलता, मृदुला, सरलता दब कर रह गये हैं। अब जिस आधुनिक नारी का चित्र हमारे सामने है, वह ऊपर से काफी स्मार्ट तो जरूर दिखती है, लेकिन वह मानवीयता से रिक्त एक मशीनी मानव बनकर रह गई हैं। कुछ ठंडी, रूखी, बेहद घमंडी और अहंकारी जो अपने आगे किसी को कुछ समझती नहीं, थोड़ी-सी सफलता और आर्थिक स्वतंत्रता ने उसके व्यक्तित्व पर सिर्फ ऊपरी मुलम्मा जरूर चढ़ा दिया है। लेकिन उसे हद दर्जे का स्वार्थी और मतलबी भी बना दिया है। एडजेस्टमेंट की बात पर "हम भी कमाते हैं, हम क्यों किसी से दबें" वाला फिकरा दोहरा दिया जाता है।

पश्चिमी मूल्य तथा नैतिकता भारतीय परिवेश से मेल नहीं खाते हैं। भारतीय पुरुष समयानुसार अपनी मानसिकता कहां बदल पाया है ? एक तरफ उसे उच्च शिक्षित कमाऊ पत्नी चाहिए, लेकिन उसे बराबरी का दर्जा देने को वह तैयार नहीं। वह उसे अब भी द्वितीय श्रेणी का इंसान ही समझता है। बाहरी तौर से वह पूर्ण आधुनिक दिखने का प्रयत्न करता है, किन्तु मानसिक रूप से वह अब भी पिछड़ा हुआ है। गृह कार्यों को वह सिर्फ स्त्री की जिम्मेदारी समझता है। दोनों के आत्म सम्मान में जब टकराव होता है, वहीं से उनमें मतभेद पैदा हो जाता है।

आज स्त्री की दुनिया घर की चारदीवारी तक ही सीमित नहीं। बाहर जाने पर उसे अपना सर्कल बनाना पड़ता है। वह भी राजनीति, व्यवसाय, साहित्य, समाज पर खुलकर बहस करने लगी है। उसकी अपनी मान्यताएं, विश्वास व अनुभव, दृष्टिकोण हैं। पुरानी पीढ़ियों को तोड़

उसमें स्वयं सोचने समझने की शक्ति है। अपने व्यक्तित्व के विकास के लिए वह तत्पर है। ऐसे में कोई भी बात जो तर्क की कसौटी पर उचित नहीं, जो गलत है, उसके व्यक्तित्व को कुलचना चाहती है, उसकी शख्सियत को स्वीकार नहीं करती, उसके प्रति वह विद्रोहात्मक रवैया अपना लेती है। यही उसके दाम्पत्य में दरार का कारण बन जाता है और बात कभी-कभी तलाक तक आ पहुंचती है। तलाकशुदा तथा अकेली अनब्याही औरत हमारे समाज में आज भी सुरक्षित नहीं है। इसके अलावा उन्हें समाज भी अच्छी दृष्टि से नहीं देखता।

वास्तव में सच्चाई तो यह है कि समाज में स्त्री और पुरुष के कार्य क्षेत्र अलग-अलग हैं। स्त्री स्वभाव से ज्यादा सहनशीलता होती है। ऊधमी और शैतान बच्चों को प्यार से जिस तरह वह नियंत्रित कर सकती है, पुरुष नहीं। पुरुष की सहनशीलता जल्दी ही जवाब दे देती है। पुरुष बच्चों को अनुशासन में तो रख सकता है, किन्तु वह ममत्व और प्यार नहीं दे सकता, जो एक मां ही अपने बच्चे को दे सकती है। उसी तरह घर की देखभाल उसे सुचारू रूप से किफायत से चलाने का कार्य जिस कुशलता तथा सहजता से एक स्त्री कर सकती है पुरुष नहीं। जहां अपने शोषण के विरोध में आवाज उठाई जानी चाहिए, वहीं नारी का प्रकृति के नियमानुसार चलकर ही अपना रास्ता तय करना होगा। इसी में समाज का, परिवार का तथा उसका स्वयं का कल्याण है कि वह समझौते की नीति अपनाये। थोड़े धैर्य तथा सहनशीलता से कार्य करे। अगर आर्थिक कठिनाई नहीं है और बच्चे भी छोटे हों, तो सिर्फ शौक की वजह से पति की इच्छा के विरुद्ध नौकरी कर अपने दाम्पत्य जीवन में कटुता नहीं लायें।

●●

41

सच्चे अर्थों में जीवनसाथी के मीत बनें

'तुमसे तो वो महरी ही अच्छी है । कम से कम साफ सुथरी टिपटॉप तो रहती है । क्या कमी है तुम्हें, जो कंजूसी और आलस के मारे फटे मैले कपड़ों में रहती हो । सोसायटी में मेरी कोई इज्जत है । क्या कहेंगे देखने वाले, इसका भी लिहाज नहीं है तुम्हें ।'

कनिष्क, पत्नी नीरजा के फूहड़पन और आलस से काफी तंग आ चुका था । वैसे सारा कसूर नीरजा का ही नहीं था कि वह अपनी तरफ से इतनी लापरवाह रहने लगी थी । पहले वह खुशमिजाज और चुस्त थी, लेकिन कब धीरे-धीरे पति की उपेक्षा ने उसे हर खुशी और जीने के उत्साह को लेकर विमुख कर दिया, यह शायद दोनों ही नहीं जान पाये, क्योंकि ऐसा बहुत धीरे-धीरे हुआ था । पहले उनमें एक-दूसरे के प्रति प्रेम था, पर कनिष्क के वर्कहॉलिक नेचर ने उसे बहुत रूखा बना दिया था । पत्नी चाहे कितनी सजधज कर उसे रिझाने की कोशिश करती, कनिष्क आंख उठाकर देखने की जेहमत न करता । नीरजा को 'टेकन फॉर ग्रान्टेड' मानकर चलने लगा था, जिसका नतीजा उनके बीच आई कड़वाहट थी ।

कोई भी ऊंचे तबके की स्त्री अपनी तुलना महरी से किये जाने पर बेहद हर्ट फील करेगी । नीरजा को कनिष्क इसी तरह हर्ट करना चाहता था ।

आरुषी को अपने पति के शक्की मिजाज होने से कोफ्त होती है । इनका वश चले, तो मुझे बुरका पहनाकर एक पिंजरे में मैना की तरह कैद कर दें । यह क्या बात हुई कि किसी भी पुरुष से बात न करो । दूधवाला पानी मिला दूध दे, तो उसे कुछ भी न कहो । कुरियर वाले को पानी

पिलाने की क्या जरूरत थी। अरे भई गर्मी में बेचारा प्यास से बेहाल था और उसने पानी मांगा, तो क्या मना कर देती ? ये तो हुई नीचे तबके वालों के लिए वर्जनाएं, मगर इन के हायफाय सोयायटी के दोस्त तो सभी-इतने रूप के शहजादे हैं कि उन्हें देखते ही मैं अपने होशोहवास खो देती हूं। छि: उन्हें मुझ पर फ्लर्ट होने जैसा गंदा इलजाम लगाते जरा भी हिचक नहीं होती।

नरेन को अपनी ऐशपरस्त खर्चीली बीवी से गिला है। जितना कमाता हूं सब खर्च देती है नीता। बुरा वक्त किसी पर कह के नहीं आता, मगर मजाल है महीने के आखिर तक एक रुपया भी बचे। बुरे वक्त के लिए कुछ जमा करूं तो कैसे।

तारा को हर समय व्रत, उपवास, मंदिर, पूजा से ही फुर्सत नहीं। उसका पति अखिल उसके अपोजिट रोमांटिक मिजाज का है। रात को तारा उसे बिस्तर पर पास नहीं फटकने देती। उसे किसी साधु जी ने कह दिया कि सैक्स बुरी चीज है और मन की शुद्धि में रुकावट डालता है। क्या ताज्जुब अगर अखिल पत्नी से बेवफाई करने लगे।

महेश को इस बात का बहुत अरमान था कि उसकी बीवी इंग्लिश में धड़ल्ले से बात करे और वह अपने दोस्तों पर इस बात का रौब डाले। उसकी पत्नी मिनी ने यूं तो अंग्रेजी में एम.ए. किया था, लेकिन स्पोकन इंग्लिश में वह जीरो थी। झिझक के कारण वह अंग्रेजी में बोलती नहीं थी और बोले बगैर वह सीख नहीं सकती थी। वैसे पति की सेवा करने में वह पीछे न थी।

इस तरह के केसेज आपको बहुत मिलेंगे, जहां जरा-सी समझदारी, जरा से कॉन्प्रोमाइज, थोड़े बदलाव से प्यार मुहब्बत और खुशियों का आलम हो सकता है और अनमोल जिन्दगी को व्यर्थ गंवाने के डिप्रोसिव अहसास से बचा जा सकता है। हर पत्नी के लिए आत्मसजग रहना जरूरी है, शारीरिक जुड़ाव के साथ-साथ पति के साथ मानसिक, भावनात्मक सम्बंध भी गहरा होना चाहिए ताकि एक-दूसरे को बखूबी समझ सकें।

उम्र यहां बाधा नहीं बननी चाहिए। यह पति-पत्नी का आपसी गहरा प्यार दोस्ती और हर रिश्ते का एक में समाहित हो जाने जैसी प्रक्रिया ही

है, जो पति को कई बीमारियों से बचा सकती है । एक विवाह विशेषज्ञ का कहना है कि उम्रदराज होने पर भी उन्हें ऐसा बिहेव करना चाहिए मानो हाल ही में हनीमून से लौटे हों । ब्लड प्रेशर, हृदय रोग और कई मानिसक रोग दाम्पत्य में हर समय कलह करते रहने से उपजते हैं । चाहे वह स्त्री हो या पुरुष, दोनों में से कोई भी या दोनों ही बीमारियों को गिरफ्त में आ सकते हैं ।

पति की प्रेयसी बनकर रहने के लिए पत्नी को अपने रख-रखाव पर ध्यान देना जरूरी है । माना सुन्दर होना, न होना औरत के हाथ में नहीं होता, लेकिन अपने को आकर्षक बनाना उसके अपने हाथ में है । योग, व्यायाम के द्वारा अपने को थुलथुल होने से बचाया सकता है । आधुनिक टैक्नीक, ब्यूटी ट्रीटमेंट, मसाज, नेचरोथेरेपी का सहारा लेकर तथा सौंदर्य बोध डेवलप कर उम्र अनुसार फैशनेबल ढंग से रहा जाए । स्वभाव से कोमल, धैर्यवाली, मीठी वाणी बोलने वाली सलीकेदार स्त्री पति को अपने मोहपाश में जीवनपर्यंत बांधे रख सकती है । एक्सेप्शन टू द रूल होते हैं, लेकिन फिर भी पति के भटकने के चांस बहुत कम हो जाते हैं ।

पति का मन मोहने की कला में पारंगत बन जाए । फिर घर की बिरयानी छोड़ वे होटल की बिरयानी पर नहीं ललचाएगे । जहां उपेक्षा से दाम्पत्य का पौधा मुरझा जाता है, अति सिंचित पौधा भी मर जाता है । पति को डॉमिनेट करने की कोशिश न करें । अहम् पुरुष के लिए महत्त्वपूर्ण है । यह उसके पुरुषार्थ की निशानी है, जो उसे लल्लू कहलाने से बचाता है । अगर स्त्री उसे चोट पहुंचाती है, तो वह पति प्रिया किसी हाल में भी नहीं बन पाएगी ।

अपने दाम्पत्य सम्बंधों में स्पेस की गुंजाइश जरूर रखें । एक-दूसरे पर हावी होने से व्यक्तित्व का विकास रुक जाता है । आधारभूत स्वतंत्रता समाप्त हो जाती है । इस तरह आपसी प्रेम विश्वास चुकने लगता है ।

पति से उतनी ही उम्मीदें रखें जो वे पूरी कर सकते हों । ऐसे हजारों उदाहरण मिलेंगे जहां पत्नी की आशाओं, अरमानों, कामनाओं को पूरा करने के लिए पति बड़े से बड़ा अपराध कर डालते हैं । पत्नी का तो कुछ नहीं बिगडता, बेचारे पतिदेव सलाखों के पीछे हो जाते हैं, जबकि अपराधी वह पति से भी ज्यादा होती है ।

विवाहोपरांत पहले जैसी स्थिति नहीं होती । यहां आपको स्वार्थ छोड़कर दूसरे के लिए भी सोचना है, जो कोई और नहीं आपके लाइफ पार्टनर हैं । जीवन में ऊंच-नीच होती रहती है । बुरे वक्त में एक-दूसरे का सहारा बनकर ही समस्याओं का मुकाबला करना चाहिए । पति का साथ जहां आपका हौसला बढ़ाता हैं, वहीं आपको भी उन्हें मॉरल सपोर्ट देना है । तभी आपके वैवाहिक जीवन में स्थायित्व होगा और आनंद और प्रेम की धारा निरंतर बहती रहेगी । आपका सच्चा प्यार, वैवाहिक जीवन की बदलती आवश्यकताओं और सीमाओं के मुताबिक स्वयं को बदल पाने की क्षमता आपको सच्चे अर्थों में पति का मीत बनाएगी ।

●●

42

कब करता है पुरुष, स्त्री का परित्याग

शेखर को देखो, आज कहां पहुंच गया है औरं एक तुम हो वहीं के वहीं। अच्छे अनाड़ी के पल्ले बांध दिया मां-बाप ने। रोज की तरह रजनी ने पति की लानत-मलामत शुरू कर दी थी। पति ने रोज की तरह चुप्पी साध रखी थी।

आखिर सहन करते रहने की भी हद होती है। अगर वह पत्नी से लड़-झगड़ लेता, तो मन का गुबार घट जाता। लेकिन लगातार तनाव में जीते महेश ने आखिर एक रोज अटैची उठाई और बगैर कुछ कहे-सुने घर और घरवाली को हमेशा के लिए छोड़ किसी अनजान जगह की ओर प्रस्थान किया।

सुनीता ने अपने शक्की और ईर्ष्यालु स्वभाव के कारण एक नेकदिल हंसमुख पति का हंसना-बोलना छुड़वा दिया। वह अवसाद से घिरा हर समय बुझा-बुझा सा रहने लगा था। ऐसे में उसके जीवन में बहार लेकर आई मिस रंगनाथन। बुझते दिये में प्रीत की बाती ने जीवन फिर से रोशन कर दिया। अब पत्नी का होना न होना निनाद के लिए अर्थहीन था। धीरे-धीरे बात यहां तक पहुंच गई कि निनाद मिस रंगनाथन के फ्लैट में ही पूरी तरह से शिफ्ट कर गया।

हद दर्जे की खुदगर्ज मतलबपरस्त शानू को अपने ऐशोआराम के आगे न पति की चिंता थी और न बच्चों की। शानू को हर समय शॉपिंग, घूमना-फिरना, पिकनिक में पैसा उड़ाने को चाहिए था। पति की इतनी ज्यादा आय न थी कि फिलूलखर्ची की जा सके। शानू हर समय पति को गलत ढंग से पैसे कमाने के लिए उकसाती और पति के ऐसा न करने पर उसे इस बात को लेकर कोचती। तंग आकर एक दिन पति ने उसे

घर छोड़ देने के लिए कहा । चार दिन मायके में बगैर बुलाये रहने पर शानू की अक्ल ठिकाने आ गई । भाभी द्वारा की गई बेइज्जती और मां बाप की बेरुखी ने उसकी आंखे खोल दी थी ।

कभी बचपन में शमा के साथ कुछ ऐसी अप्रिय घटना हुई थी कि सैक्स को लेकर उसमें कुंठा समा गई थी । पति दिलावर हालांकि काफी समझदार, अंडस्टेडिंग पति था । उसने शमा को समझाने की लाख कोशिश की, लेकिन शमा कुछ सुनने समझने को तैयार न थी । तीन साल तक इंतजार कर आखिर दिलावर ने अपनी कजिन उज्मा से दूसरा निकाह कर लिया ।

उपर्युक्त सभी केसों में गलती पत्नी की ही थी, लेकिन पति भी हमेशा सही ही हो, ऐसा नहीं है । अहम् उसमें स्त्री से ज्यादा होता है । इसके अलावा वह कच्चे कान का भी माना गया है । याने राम की तरह दूसरे की बात पर विश्वास, अर्द्ध विश्वास (या केवल सुनकर ही) कर पत्नी के चरित्र पर शक कर उसे त्याग देता है ।

पत्नी की अपने से ज्यादा कामयाबी भी उसे कम ही रास आती है, क्योंकि इससे उसमें ही भावना पलने लगती है, जो उसके वजूद पर ग्रहण बन छाने लगती है ।

पुरुष की फितरत है कि अपनी नाकामयाबी का दोष मढ़ने के लिए वह कोई इजी टारगेट ढूढ़ता है और भला बीवी से ज्यादा सरलता से उसे और कौन उपलब्ध हो सकता है ? स्त्री का प्रतिवाद उससे बर्दाश्त नहीं होता । कलह बढ़ते-बढ़ते अलगांव की स्थिति आ जाती है ।

कई बार स्त्री का जरूरत से ज्यादा धर्म में लीन रहकर पूजा-पाठ करते रहना भी उसे ले डूबता है । इसी तरह औरत का उबाऊ और चिड़चिड़ा स्वभाव भी पुरुष को उसकी ओर से विमुख कर देता है ।

एक अन्य कामन कारण है स्त्री का बांझ होना । संतान की उत्कृष्ट अभिलाषा भी पुरुष के दूसरा विवाह करने का कारण है । दो औरतें एक छत के नीचे रह नहीं पाती । कलह से बचने के लिए पुरुष पहली पत्नी का परित्याग कर देता है ।

इन कारणों के अलावा कभी-कभी मजबूर होकर उसे पत्नी को छोड़ना पड़ता है । यदि धोखाधड़ी से किये गये विवाह में स्त्री अर्द्ध

विक्षिप्त हो, उसे मिर्गी के दौरे पड़ते हों या वह शारीरिक सम्बंध बनाने में असमर्थ हो और यह बात लड़की वालों ने विवाह पूर्व छुपा कर रखी हो ।

उपर्युक्त बातों से पता चलता है कि कई बार अपने परित्याग के लिए स्त्री स्वयं ही दोषी होती है । वह कुछ खर्चीली आदतों और बेवजह के शक और ईर्ष्या पर काबू रखे, तो उसका सुखी संसार उजड़ने से बच सकता है । पति का स्वभाव समझना उसके लिए जरूरी है । इसके लिए यूनिवर्सिटी की डिग्री जरूरी नहीं है । मानवीय स्वभाव को समझने की शक्ति उसमें पुरुष से ज्यादा होती है । पति को इरीटेंट करने में कई स्त्रियों को बहुत मजा आता है । बात मजाक तक रहे तभी ठीक है । फिर गंभीर स्वभाव के पुरुष को, हो सकता है पत्नी की बातें कही गहरी चोट कर जायें ।

सच पूछा जाय तो मन से पुरुष हमेशा एक बच्चे की तरह ही होता है । स्त्री जिसे ईश्वर ने कुदरती तौर पर उसे समझने और हैंडल करने में पूर्णतः सक्षम बनाया है, अगर अपनी क्षमता का अहसास रखते हुए पति के साथ जीवन गुजारे, तो वह काफी हद तक छोड़े जाने के भय से मुक्त रह सकती है ।

●●

43

क्यों हिंसक हो जाते हैं पति

शशिबाला पेशे से इंजीनियर हैं। वे स्वयं उसी संस्थान में कार्यरत हैं, जहां उनके पति कार्य करते हैं। विवाह के कुछ समय तक तो पति का बर्ताव उनके साथ ठीक रहा, लेकिन समस्या तब शुरू हुई, जब शशिबाला का प्रमोशन हो गया और उनके पति का नहीं हुआ।

पति का अहम् यह बर्दाश्त नहीं कर सका। वह प्रतिदिन पत्नी को नीचा दिखाने का कोई बहाना ढूंढ़ उस पर हाथ उठाने लगा। प्रतिरोध करने पर वह और अधिक हिंसक हो उठता। एक दिन तो उसने शशिबाला का हाथ इतनी जोर से मरोड़ा कि बांह की हड्डी टूट गई। अब शशिबाला के सब्र का पैमाना छलक गया। उसने पति के विरुद्ध केस दर्ज कर उससे तलाक ले लिया।

निम्नवर्गीय तबके में पतियों का पत्नी को पीटना आम बात है। उसमें किसी को कोई आश्चर्य नहीं होता, कोई शॉक नहीं लगता। यह सब रूटीन है उन लोगों के लिए। इस वर्ग की औरतें भी पिट-पिट कर पक्की हो जाती हैं और उसे बुरा नहीं समझती। आखिर पति है, दो चार लात-घूंसे लगा भी दिये तो क्या हुआ। यह तो हुआ वह जब वे होश में रहते हैं। पीकर नशे में वे औरतों पर जो जुलम करते हैं, उनका तो जिक्र ही क्या। नशे में आदमी वैसे भी जानवर बन जाता है।

यहां उसमें बसा पारंपरिक पति इसे अपना अधिकार मानकर ही पत्नी की पिटाई कर रहा है। उसने अपने परिवार में पिता, भाई, चाचा, दादा, सभी मर्दों को यही करते देखा है, इसलिए महज परंपरा का निर्वाह करते हुए अपने पौरुष को प्रदर्शित करवाने की मानसिकता ही यहां कारण है।

कई बार सास-बहू की आपस में न पटने पर सास-बेटे को बहू के

खिलाफ भड़का कर पिटवाती है । कई बार विवाहेत्तर सम्बंध या दूसरी औरत भी कारण बन जाते हैं ।

निम्नवर्ग में जहां इस तरह की वारदातों पर पर्दा नहीं डाला जाता, वहीं उच्च और मध्यमवर्ग के लोग इस तरह की बातों को छिपा जाते है ।

सरला जैन एक बहुत बड़े उद्योगपति की पत्नी और अधेड़ उम्र की महिला हैं । पति ने किसी बात पर इतनी बुरी तरह पीटा कि सर फट गया और टांके लगवाने पड़े । जब डॉक्टर ने पूछा कि चोट कैसे लगी, तो पति से पहले वे स्वयं बोल पड़ी, 'बाथरूम में पैर फिसल गया था' ।

इधर जब से नारी शिक्षा के प्रचार-प्रसार के कारण स्त्रियों में जागरूकता बढ़ी है, ज्यादा से ज्यादा स्त्रियां घर से बाहर कार्य कर नौकरी-पेशा बन रही हैं । उनमें आत्मसम्मान बढ़ा है, आर्थिक स्वतंत्रता के कारण आत्मविश्वास जागा है । पुरुष को यह बात असहनीय लगने लगी है । उसकी सोच आज भी वही पुरातन पंथी ही है । स्त्री को वह महज अपने सुख का साधन मानकर ही चलता है ।

पढ़ी-लिखी, उच्च ओहदों पर कार्यरत स्त्रियां भी पति की हिंसा चुपचाप झेल जाती हैं । अपनी बेइज्जती की कहानी की वे किसी को हवा तक नहीं लगने देतीं । स्त्री शोषण के खिलाफ जुलूस निकालकर नारे लगाना, उपदेश देना और बात है लेकिन पति को हिंसक होते देख वे भीगी बिल्ली बन जाती हैं ।

हिंसक पति की पत्नी को तलाक दिलवाना, अलगाव कराकर घर तुड़वाना आसान है, लेकिन ऐसी स्त्री की जिम्मेदारी कौन उठाये । यहां सभी ओर अक्सर चुप्पी लग जाती है । अपने पैरों पर खड़ी होकर वह अपना खर्च उठा सकती है । लेकिन जीवन में आये एकाकीपन का क्या इलाज है । किस्मत से ही सौ में से दो चार पुनर्विवाह कर सफल जीवन व्यतीत कर पाती है, वह भी तब जब पहले पति से संतान न हो ।

यह हैरत में डालने वाली बात है कि जहां शिक्षा के प्रसार ने लोगों की सोच विस्तृत कर उनके ज्ञान मे वृद्धि की है, व्यक्ति भीतर से खोखला होता जा रहा है । हिंसा आज समाज को किस कदर अपने शिकंजे में जकड़ती जा रही है यह सर्वविदित है । पत्र-पत्रिकाएं, फिल्में, कहानियों,

टीवी सीरियल हिंसा से भरपूर मिलेंगे । लोगों की जड़ता दूर करने का कहानीकारों के पास मानों यही एक तरीका रह गया है । इसके अलावा आज की तनाव भरी जिन्दगी, महत्वाकांक्षाओं का पूर्ण न होना, पैसे की हवस, नैतिक मूल्यों का ह्रास होना, यह सब व्यक्तियों में कुंठाओं को बढ़ा रहा है । जिसके चलते पुरुष अपना सारा फ्रस्ट्रेशन अपनी पत्नी पर निकालता है, इजी टारगेट है । उसे ज्ञात है वह सब्र करती है और बाद में उसे जल्दी ही क्षमा भी कर देती है । उसे उससे किसी तरह का भय या खतरा नहीं है ।

पत्नी का उससे डरना उसे अपने पौरुष का प्रदर्शन प्रतीत होता है ।

पति की हिंसक प्रवृति से निपटने का हर पति पर एक ही फार्मूला नहीं आजमाया जा सकता है । उनकी मानसिकता को परखते हुए ही ऐसे में उनसे निपटा जा सकता है । कई पति गीदड़-भभकी देने वाले होते हैं, जो अपनी पत्नी का चंडीरूप देख शांत हो जाते हैं । कई पति समाज से डरते हैं । उनकी पत्नी, अगर घर में बड़े बुजुर्ग हैं, उन्हें कह-सुन सकती है । बच्चे बड़े होकर मां के लिए ढाल बन सकते हैं । पत्नी की समझदारी ऐसे में सर्वोपरि है । बजाए गुस्से की आग भड़काने के उसे पति को ठंडा करने के गुर आने चाहिए ।

और अंत में, जहां पति बहशी दरिंदे बन जाते हैं, संभव हो तो मनः चिकित्सक को दिखाकर उनकी सलाह ले, नहीं तो कुछ समय उनसे दूर रहकर उन्हें अपनी अहमियत का पता चलने दें । पति नहीं सुधरें, तो अपने पैरों पर खड़े होकर आर्थिक रूप से सक्षम बने और पति को छोड़कर अलग रहें ।

●●

44

क्या आपके पति "जोरू के गुलाम" कहलाते हैं

"हमारी शीना तो चार दिन में ही दामादजी पर राज करने लगी है।" यही हाल हमारे यहां है। मीनाजी की बात पर भला शिखाजी कैसे पीछे रहतीं, हमारी नताशा तो विजयजी को लट्टू-सा नचाती है। मजाल है, उसकी कोई बात वे टाल दें।

किसी पार्टी में महिलाओं की गप्पबाजी चल रही थी। मीना और शिखा दोनों के ही पतियों को लोग जोरू का गुलाम कहकर उनका मजाक उड़ाया करते थे। बेटियां भी अपनी मांओं की तरह पति पर हावी रहतीं।

शीना और नताशा तब नवविवाहितायें थीं। दोनों ही बेहद खूबसूरत थीं। साथ में दहेज भी अच्छा लाई थीं। इसलिए शुरू-शुरू में यह स्वाभाविक था कि उनके रूप के मोहजाल में फंसे पतिदेव भ्रमर की तरह उन पर मंडराते, दीन-दुनिया भुला बैठे थे। लेकिन जैसे-जैसे वक्त गुजरता गया और दोनों एक-एक कर दो बच्चों की मम्मी बनने पर बेडौल लगने लगीं, तब पतिदेव को उनका हुक्म बजाना नागवार लगने लगा।

भला औरत होकर मर्द पर हुक्म चलायेगी ? ऑफिस में तो बॉस बनी बैठीं ही हैं, घर पर भी। कतई नहीं, पत्नी हैं और पत्नी की तरह रहे। लेकिन शीना और नताशा को तो आदत पड़ चुकी थी पति पर हुक्म चलाने की। बस इसी मुद्दे को लेकर दोनों के घर में किट्-किट् रहने लगी और उनके दाम्पत्य में कभी न पटने वाली खाई बन गई है। अब उनकी जुबान पर हरदम यही गाना था–सारे सपने कहीं खो गए हम क्या से क्या हो गए...।

मनोचिकित्सक डॉक्टर मंदिरा सहगल का कहना है कि कुछ हद

तक पुरुष पत्नी का डॉमेनेट करना माइंड नहीं करते, बल्कि अच्छा महसूस करते हैं । मां का प्यार उन्होंने अब तक देखा होता है । उसमें भी तो डॉमिनेशन ही था । दरअसल डॉमिनेशन के भी कई शेड्स और रंग होते हैं, जिनकी भिन्न लोगों पर भिन्न प्रतिक्रियाएं हो सकती हैं । जो लोग सबमिसिव टाइप के होते हैं, उन्हें बीवी के डॉमिनेटिंग होने पर कोई खास एतराज नहीं होता, लेकिन जो शुरू से थोड़ा रिवोल्ट करने वाले जिद्दी, अपनी ही मनवाने वाले एजर्टिव किस्म के होते हैं, वे किसी का भी हुक्म चलाना बर्दाश्त नहीं कर पाते । फिर वह ऑफिस में बॉस हो या घर पर पत्नी ।

राजी सिंह दिल्ली में कार्यरत मैरिज काउंसलर का मानना है कि अक्सर ये बातें धीमा जहर बनकर कार्य करती हैं । ऊपर से शांत लगने वाला पति-पत्नी के डॉमिनेट करते रहने से भीतर ही भीतर आहत होता रहता है । मां उसे जोरू का गुलाम कहकर लताडती है । यार-दोस्त उसके पुरुषत्व का मजाक उड़ाते हैं । उसका फ्रस्ट्रेशन कहीं भी किसी भी छोटी सी बात को लेकर निकल पड़ता है । तब बीवी अचानक शॉक्ड हो जाती है कि ऐसा मैंने क्या कह दिया, कर दिया कि पतिदेव का फ्यूज उड़ गया ।

कई बार जहां अपोजिट अट्रैक्ट करते हैं, तब एक जैसी डॉमिनेटिंग फितरत के होने पर पति-पत्नी में तीन-छह का आंकडा रहने लगता है । गुस्से पर काबू न होने पर दोनों पब्लिक प्लेस में भी लड़ पडते हैं । चूंकि दोनों में से कोई झुकने को तैयार नहीं होता, अपनी ही बात ऊपर रखना चाहता है । अपने अहम् को वे दाम्पत्य सुख चैन से ज्यादा महत्व देने की गलती कर उसका खामियाजा भुगतते हैं । साइकोलॉजी में पी.एच.डी. कर रहीं साना अंसारी कहती हैं । 'कोई भी औरत लल्लू किस्म के पति को पसंद नहीं करती और स्वयं डॉमिनेट होना चाहती है करना नहीं ।'

यह काफी हद तक सच के निकट है । औरत का डॉमिनेट करना कई बार उसकी मजबूरी होती है । क्योंकि, उसका पति उसे बार-बार उकसाता है, अपने कर्त्तव्यों से विमुख रहकर उसका जीवन मुश्किलों से भर देता है, किसी बुरी लत का शिकार होकर । औरत ज्यादा भावुक होती है, संवेदनशील होती है । पति उसे कई बार समझ नहीं पाता है, वह क्या

चाहती है, इसका उसे जरा-भी एहसास नहीं होता । अपने ही मौज-मजे में डूबा वह उसे अनजाने में ही उपेक्षित करता है । प्रतिक्रिया स्वरूप कुंठित पत्नी अपने को एजर्ट करते हुए पति पर हावी होने की कोशिश करने लगती है । नादान पति समझ ही नहीं पाता कि समस्या कहां और क्या है ।

एक एम.एन.सी. में कार्यरत राहुल का कहना है कि पत्नी का प्यार भरा डॉमिनेशन मुझे बहुत अच्छा लगता है, जब वह कुछ टी.वी. स्टाइल में मुझे जोर से डांटते हुए कहती है–'राहुल कुल्ला किया कि नहीं ! चलो कुल्ला करो । करते हो या...' हम दोनों का तब हंसते-हंसते हाल बुरा हो जाता है । औरतें तो बनी ही डॉमिनेट करने के लिए हैं । जो हाथ पालना झुलाते हैं, वे ही राज करते हैं... ।

निशा श्रीवास्तव पत्रकार है । उनके अनुसार कौन किसको डॉमिनेट करता है, प्यार में ये बात बेमानी है । ट्रूलव में इन छोटी-छोटी बातों के लिए कोई जगह नहीं होती । वैसे भी आज पति-पत्नी दोनों समान रूप से पढ़े-लिखे बुद्धिमान हैं । वे रिश्ते के महत्व को समझते हैं । अगर पुरुष झुका है, तो औरत के प्यार में भी कमी नहीं आई ।'

भारतीय नारी पति का सम्मान परंपरा से करती आई है । आज भी पति को परमेश्वर मानने वाली नारियों की कमी नहीं, लेकिन साथ ही एक नई फसल भी बराबरी का दावा जोर-शोर से करने वाली महिलाओं की बढ़ रही है । नारी मुक्ति को गलत परिप्रेक्ष्य में देखने, समझने और उसे अंजाम देने वाली दिशाहीन महिलाओं की जो पति को दास बनाकर न जाने क्या सिद्ध करना चाहती है ।

उनके लिए यह समझना जरूरी है कि लव इज गॉड । अपने इस रिश्ते को वे प्यार जैसे पवित्र जज्बे से सींचे । इगो त्यागकर साथी को सम्मान देना सीखें । डॉमिनेट करें तो प्यार के अतिरेक से, पति की स्पेस पर अतिक्रमण करके नहीं ।

●●

45

क्या आप हनीमून पर जा रही हैं ?

हनीमून की कल्पना जीवन में खुशियों की अनगिनत लड़ियों बिखेर देती है । जवानी में कदम रखते ही हनीमून का रंगीन ख्वाब कभी न कभी हर युवक-युवती के दिल में जागता है । एक समय था, जब लड़के-लड़की अपने विवाह की बात तक करने में सकुचाते थे, लेकिन वक्त बदला, अब लड़के-लड़की निस्संकोच अपने विवाह की चर्चा अपने बड़ों से करने लगे हैं । साथ ही शामिल होता है हनीमून का प्रोग्राम ।

कुछ अमीर जोड़े तो हनीमून मनाने विदेश तक जाने लगे हैं । लेकिन ज्यादातर अपने ही देश में किसी हिल स्टेशन जैसे मसूरी, नैनीताल, ऊटी, कोडाइकेनॉल, शिमला, दार्जिलिंग या पचमढ़ी की ओर निकल जाते हैं ।

पहाड़ों की गोद में नवविाहित पति-पत्नी को सामीप्य का कुछ और ही मजा आता है । यहां का अपार प्राकृतिक सौंदर्य उनके हनीमून को कुछ और ही खुशनुमा और रंगीन बना देता है । ये यादें उनमें आजीवन पुलक जगाती हैं ।

हनीमून वह समय होता है, जब एक नया जोड़ा जिन्हें आजीवन साथ रहना है, एक-दूसरे की आदतों, स्वभाव, हावभाव को निकटता से परखते हैं । परखकर तालमेल बैठाने की सोचते हैं । वैसे यह सच है कि इस समय इस जोड़े को एक-दूसरे का सबसे उत्तम रूप ही नजर आता है। क्योंकि इस समय न काम का प्रेशर होता है, न उससे होने वाले तनाव । न रुपयों की खींचतान होती है, न मुसीबतों का सामना । इन सब से दूर वे पूर्णतः शारीरिक और मानसिक रूप से आनंद लूटने में निमग्न हो जाते हैं ।

इससे जहां उनमें इंटीमेंसी बढ़ती है, आपसी प्यार और समझ भी पैदा

होती है । निस्संदेह हनीमून पर जाने का जिन विवाहितों को मौका मिलता है, वे खुशनसीब हैं । लेकिन इस खुशनसीबी को बदनसीबी से बचाने के लिए कुछ सावधानियां भी जरूरी हैं ।

मिलन की बेकरारी में कई युवक बगैर परिवारजन का ख्याल किये शादी के दूसरे दिन ही हनीमून पर निकल जाना चाहते हैं । इससे घर-परिवार के सभी लोगों को अत्यंत निराशा का सामना करना पड़ता है। इनमें कुछ नजदीकी रिश्तेदार ऐसे भी होते हैं, जो दूर रहने या व्यस्तता के कारण वर्षों बाद आये होते हैं ।

जेवरों का शौक हर स्त्री को होता है, लेकिन आजकल का समय देखते हुये हनीमून पर जाते हुये कभी भी असली जेवर न लेकर जायें । नकली जेवरों से काम चलाया जा सकता है । फोटोग्राफ में कहां पता चलता है कि जेवर असली हैं या नकली ।

हनीमून के लिए जगह का चुनाव करते समय पत्नी की सलाह भी ली जानी चाहिए । हो सकता है वह जगह जो पति ने चुनी हो, पत्नी की बार-बार देखी हो । जाने से पहले उस जगह की पूर्ण-जानकारी होटल, रास्तों आदि के बारे में पता करके ही जायें । वापसी का भी आरक्षण कराना न भूलें ।

सुरक्षा की दृष्टि से सारे पैसे एक जगह ही न रखें । बेहतर होगा ट्रेवलर चेक ए.टी.एम. कार्ड ही लेकर जायें । कभी भी हैसियत से ज्यादा खर्च न करें । बजट के अनुसार ही शॉपिंग आदि करें । पति-पत्नी एक दूसरे पर अपने स्टैंडर्ड का व्यर्थ झूठा प्रदर्शन न करें ।

नवविवाहित दम्पति चूंकि अनुभवहीन होते हैं, आसानी से असामाजिक तत्वों के चुंगल में फंस सकते हैं, इसलिए सर्वप्रथम तो बहुत एकांत में बने होटल में न ठहरें और अधिक सुनसान अंधेरी जगहों को अवॉयड करें ।

साथ में ले जाने की चीजों की पहले लिस्ट बना लें ताकि कोई जरूरी चीज रह न जाये । भारी साड़ियों की जगह ऐसे कपड़े रखें, जिनसे घूमने-फिरने में अड़चन न हो । लांचा या घाघरा पहनकर पहाड़ पर आप न केवल हास्यास्पद लगेंगी बल्कि गिरकर चोट भी खा सकती हैं । भारी साड़ी एक दो ही काफी होंगी । जगह की आबोहवा के अनुसार गर्म

कपड़े रखें । इसके अलावा केमरा, कुछ जरूरी दवा, कुछ सूखा खाने-पीने का सामान, पानी की थर्मस वगैरह रखना न भूलें ।

अपनी मौजमस्ती में घरवालों को न भूल जायें । कुशलता से पहुंचने की खबर घर पर जाते ही कर दें । अपना मोबाइल ले जाना न भूलें । वापिस आने से पहले घरवालों के लिए उपहार ले जाना न भूलें।

हनीमून के दौरान किसी भी प्रकार की अप्रिय चर्चा करके अपना और साथी का मूड खराब न करें । मसलन जजबात की रौ में बहकर अपने लव अफेयर की डींग न मारें या ससुराल पक्ष में किसी की आलोचना न करें । अपने घरवालों के खिलाफ सुनना दोनों में से किसी को अच्छा नहीं लगेगा ।

आप हनीमून से प्रसन्नतापूर्वक घर लौटें, तो नई जिन्दगी का आगाज भी सुंदर, सुखद, उज्जवल होगा, ऐसी आशा कर सकते हैं ।

●●

46

मुरझाने न दें, दाम्पत्य की बगिया के फूल

हमारे शास्त्रों में लिखा है कि आदर्श पत्नी वही होती है, जो पति को नित नई लगती है । यह एक मनोवैज्ञानिक तथ्य है कि दाम्पत्य में ठहराव आने का अर्थ है–सम्बंधों में बासीपन आ जाना ।

पति हमेशा रोमांच की तलाश में जुटा रहता है । समझदार पत्नी जानती है यह उसे कैसे मुहैय्या करना है । पति क्या चाहते हैं, उनकी आकांक्षा, अपेक्षा का अनुमान कर वह उनमें अपने प्रति आकर्षण जगाये रखने की सामर्थ्य रखती है ।

अस्वीकृत होने की त्रासदी कोई परित्यक्ताओं से पूछे । दोषी केवल एक पक्ष ही नहीं होता । कई बार पत्नियां स्वयं अपनी हठधर्मिता के कारण ऐसी स्थिति के लिए जिम्मेदार होती हैं । वे पति के अहम् की संतुष्टि तो करती हैं, साथ ही अपनी अहमियत भी जताने में नहीं चूकतीं । जैसे प्रिया अपने पति नरेश को कहती 'अजी कालेज में हमारे आशिकों की लम्बी लाइन हुआ करती थी । हम किसी को लिफ्ट ही नहीं देते थे । लेकिन आप में जानू कोई बात थी, जो दिल में उतर गई ।' अब बात कितनी सच थी, यह तो वही जाने लेकिन प्रिया की इन्हीं बातों से वह नरेश के लिए इच्छित बनी रहती ।

इसी तरह पति से अठखेलियों का अपना मजा और महत्व है । यह दाम्पत्य के भोजन की अचार व चटनी है, जो उसे जायकेदार बनाती है । नारी स्वभाव से ज्यादा भावुक होती है । वह पति के प्यार का आश्वासन बार–बार चाहती है । इसलिए पति को यह चाहिए कि वह अपने व्यवहार से यह जाहिर करे कि उसका प्यार केवल दैहिक ही नहीं है बल्कि भावात्मक है, रूझानी है । इसी से दाम्पत्य में प्रगाढ़ता आती है ।

इसके अलावा इस सम्बंध में उथलेपन से बचिए । साथी से एक-दूसरे को समझने की गुंजाइश होनी चाहिए । खुली किताब बनकर व्यक्ति अपना आकर्षण खो बैठता है । आश्चर्यचकित करते रहना दाम्पत्य में सम्बंधों को ताजगी प्रदान करता है ।

कुछ समय का अलगाव पति-पत्नी के रिश्ते में प्रेम बढ़ाता है, क्योंकि हर समय का साथ होने से वे एक-दूसरे को कई बार स्वीकृत समझ लेने की भूल कर बैठते हैं । इससे वे साथी का सही मूल्य नहीं आंक पाते लेकिन यह भी सच है कि पत्नी द्वारा की गई अवहेलना एवं लम्बे समय तक दूरी बनाये रखने की आदत पति को दूसरी औरत की बाहों में धकेल सकती है ।

देखा जाए तो यही रिश्ता ऐसा है, जो सबके साथ छोड़ देने के बाद भी आजीवन कायम रहता है । इसलिए अपने व्यवसाय या शौक को इस पर तरजीह न दें । अक्सर बच्चों की देखभाल और गृहस्थी के चक्करों में पत्नियां इतनी लीन हो जाती हैं कि वे भूल जाती हैं कि पति की भी उनसे कुछ आशाएं हैं । यही कारण है कि पति उन्हें छोड़कर दूसरी औरत के फेर में पड़ने लगते हैं । पत्नी को यह कभी नहीं भूलना चाहिए कि बच्चे पति के कारण हैं, पति बच्चों के कारण नहीं । इसी तरह गृहस्थी भी पति के कारण ही बसी है । निश्चित रूप से पति का स्थान इन सबसे ऊंचा है और उनकी अहमियत ज्यादा है ।

अंतरंगता के लिए जरूरी है कि दाम्पत्य-सम्बंधों में अत्यधिक लज्जा व संकोच न किया जाए । इससे रिश्ते उदासीन एवं अहसास सर्द होने लगते हैं । आपसी हल्की-फुल्की छेड़छाड़, चुलबुलापन सम्बंधों को चिर युवा बनाये रखते हैं । उन्हें बासी होने से बचाते हैं । सज संवर कर रहना, हल्की फुल्की गपशप, नाचना, गाना, चुटकुलेबाजी दाम्पत्य को रंगीन बनाते हैं । इससे दाम्पत्य सदाबहार बना रहता है । इसमें रिक्तता नहीं आती ।

आकर्षक व्यक्तित्व हर किसी को लुभाता है । पतिदेव भी इसकी अपेक्षा रखते हैं । कौन-सा पति नहीं चाहेगा कि लोग उसकी बीवी की प्रशंसा करें । लोग केवल नारी के बाहरी सौंदर्य को लेकर ही नहीं, बल्कि उसकी समझदारी, बुद्धि, विवेक को लेकर भी प्रभावित हों ।

विविधता से परहेज न करें । एकरसता जीवन को ऊब से भर देती है, इसलिए कपड़ों, फैशन एवं खाने-पीने की हर चीज में बदलाव लाती रहें । नीरसता व संवादहीनता से बचें । ये नकारात्मक बातें हैं । सोबरनेस और गरिमायुक्त व्यक्तित्व के फेर में पड़कर व्यर्थ में अपने को ऊबाऊ न बना लें । इनसे आप केवल तनाव ही मोल लेंगी । अपने व्यक्तित्व को नये आयाम दें । उसे एक सीमित दायरे में ही न कैद कर दें । आत्मविश्लेषण की आदत बना लें । अपनी गलतियां आपको खुद ही पता लग जायेंगी ।

पति के लिए अपने को उत्तेजक बनायें । उनके मनोविज्ञान को समझें । वे कब कैसे प्रतिकूल होते हैं, यह उनके साथ रहते-रहते आपको समझ लेना चाहिए ।

ऑफिस से आते ही उनके सामने तमाम शिकायतों का पुलिंदा खोल कर न बैठ जाएं । उनका मूड देखकर अपनी मांगें रखेंगी, तो न सुनने के अवसर कम होंगे ।

यौन-सम्बंध विवाहित जीवन का आधार है । यौन-सम्बंध अच्छे हों, तो सब कुछ ठीक-ठाक चलने की संभावना रहती है । इससे युगल संतुष्ट रहते हैं । वे बेवजह चिड़चिड़ापन कम करते हैं । इसे हम उल्टे रूप में भी होते देखते हैं जैसा कि विशेषज्ञों का मत है कि क्रोध, चिन्ता, झुंझलाहट और अकारण हताशा सहवास पर प्रतिकूल प्रभाव डालते हैं ।

यौनेच्छा का कम-ज्यादा होना कुदरती है । इस बात को लेकर पति-पत्नी का आपस में लड़ना उचित नहीं । दैहिक मिलन के समय तन-मन दोनों का एक लय में होना ही वांछित है । मनमुटाव होने से तन का साथ मन नहीं देगा । उससे लयबद्धता में व्यतिक्रम होगा । इससे दोनों को एक दूसरे से गिला हो सकती है । ऐसी स्थिति न आने देने में ही समझदारी है । क्योंकि चरमोत्कर्ष से उपजे सुख से निसृत तरंगे वैवाहिक जीवन को रसमय बनाती है । यह हमेशा याद रखें ।

●●

47

अगर पति तलाकशुदा हैं

श्रावंती ने जब उदित से विवाह करने की जिद की, तो उसके माता-पिता काफी समय तक उससे बहुत नाराज रहे–'तुझे एक वही पुरुष दूल्हे के रूप में नजर आया है ? क्या तेरे जैसी लड़की के लिए कुंआरों की कमी है ?' मां ने गुस्से से कहा–'बेटी सोच लो, बाद में पछताना पड़ सकता है' पिता ने प्यार से समझाया, लेकिन श्रावंती अपनी बात पर अड़ी रही। क्या हुआ उदित तलाकशुदा है । एक बार ठोकर खाकर आदमी ज्यादा संभलकर चलने लगता है । फिर मुझे पता है कसूर उदित का नहीं था । उसकी बीवी का ही कैरेक्टर खराब था ।

श्रावंती की बात सही थी । उदित एक बेहद संवेदनशील पति साबित हुआ, दोनों का दाम्पत्य-जीवन सुखी था । पर ऐसा हर मामले में नहीं होता । शीना की बड़ी बहन बताती है। शीना को रुपये-पैसों की तंगी नहीं है । नीलेश उसका पति वेल सैटल्ड है । ये लोग खानदारी रईस हैं। उम्र भी अधिक नहीं हैं । बस, उसकी एक ही खराब आदत है और वह है हुक्म चलाने की । बीबी पर भी वह नौकरों की तरह हुक्म चलाता है। हमारी शीना ने कभी किसी का हुक्मनामा नहीं सहा है । बस इसी बात को लेकर दोनों में खटपट होने लगी है ।

आज की भौतिकवादी सोच के कारण युवतियां लड़कों के चरित्र से ज्यादा उनके बैंक बैलेंस, पद-प्रतिष्ठा पर ज्यादा ध्यान देती हैं, फिर वह पुरुष तलाकशुदा हो, तब भी उनको फर्क नहीं पड़ता । तलाकशुदा व्यक्ति अमूमन उम्र में ज्यादा ही होते हैं । उनके पास पद-प्रतिष्ठा, पैसा भी ज्यादा होने की संभावना होती है । बहुत कम युवतियां और उनके परिवार के लोग ऐसे मिलेंगे, जो तलाकशुदा व्यक्ति की उम्र, स्वभाव, तलाक के कारण के बारे में भी कन्सर्न रखते हैं और पैसे और पद को ही तरजीह नहीं देते ।

हर युवती के मन में शादी ब्याह को लेकर कई तरह के सुहाने सपने होते हैं । विवाह के बाद का जीवन कुंआरी जिन्दगी से बिल्कुल भिन्न होता है । पति को शुरू में वह प्रेमी के रूप में ही देखना पसंद करती है। ठीक वैसे ही जैसे रोमांटिक फिल्मों, किस्से-कहानियों में वे देखती पढ़ती हैं। लेकिन अक्सर सपने टूट जाते हैं । अरमान दिल के दिल में रह जाते हैं ।

तलाकशुदा वर की मार्केट वेल्यू कुछ कम होती हैं, इसलिए वे अभिभावक जिन्हें दहेज या सांवली कुरूप लड़की होने के कारण वर नहीं मिलते, उनसे बेटी ब्याहने की बात सोचते हैं । कभी-कभी तलाकशुदा पति के बच्चों की जिम्मेदारी भी पत्नी को उठानी पड़ती हैं, जो आसान नहीं होती । ऐसे मामलों में पति को यह कदापि नहीं भूलना चाहिए कि पत्नी के लिए यह विवाह नया और प्रथम अनुभव है । वह उत्साह और उमंगों से भरी होती है ।

अब तक उसे औरत की मानसिकता का अच्छा-खासा अनुभव हो जाता है । औरत क्या चाहती है, इस पर विशेष ध्यान देकर उसे फुर्सत में घूमने, फिरने, पिक्चर, रेस्तरां ले जाने के अलावा जेब जितनी अनुमति देती है, उस हिसाब से शॉपिंग भी करवानी चाहिए । क्योंकि शॉपिंग हर औरत की कमजोरी होती है । साड़ी और गहने खरीदने के पहले ही आप साफ बता दें कि आपकी जेब में इतने पैसे हैं और इसके भीतर ही उसे वे चीजें पसंद करनी हैं ।

पत्नी के प्रति अपनी जिम्मेदारियों का अहसास जो पति रखते हैं, उन्हें भी बदले में पत्नी का प्यार और पूर्ण समर्पण प्राप्त होता है । यह सच है कि पुरुष पर बाह्य कार्यों का बोझ होता है । बिजनेस ऑफिस के सौ झगड़े टंटे रहते हैं, लेकिन बाहर की चिंता जो पति घर नहीं ले जाते, वे बीवी को तो खुश रखते ही हैं, स्वयं भी फिर से ऊर्जा प्राप्त कर लेते हैं । वर्ना चिंतायें और तनाव उनके व्यक्तित्व और घरेलू जिन्दगी के बिखराव का कारण बन सकते हैं ।

पति-पत्नी के बीच प्यार वो भी गहरा प्यार सभी हद को आसानी से पार कर जाता है । फिर वो चाहे उम्र का ज्यादा फर्क हो, या कोई अर्थिक घरेलू समस्या हो । एक-दूसरे पर मर मिटने का जज्बा दाम्पत्य की सफलता की पहली और आखरी शर्त है, फिर चाहे पति तलाकशुदा हो या पत्नी । ●●

48

दाम्पत्य में जरूरी है, अंर्तमय पल

जीवन में यौन-सम्बंधों की अनिवार्यता को उपेक्षित नहीं किया जा सकता, क्योंकि सैक्स एक शाश्वत सत्य है ।

यह कुदरत का एक करिश्मा है । इसे अंजाम देने में कुदरत साथ देती है, लेकिन यह जरूरी है कि युवक-युवतियों को सैक्स के बारे में सही जानकारी हो ।

शानू की मां सैक्स के प्रति गलत नजरिया रखने के कारण बेटी को इस विषय में सही मार्गदर्शन नहीं दे पाई । सैक्स को एक हौव्वा, एक पाप बताकर वह बेटी के मन में इसके प्रति इतनी नफरत और डर भरती रही कि विवहोपरांत शानू सैक्स को लेकर बेहद तनाव महसूस करने लगी । उसके ऐसे पति के प्रति कर्त्तव्य, प्यार का इजहार तथा जीवन की मूलभूत आवश्यकता के रूप में न समझ पाने से उसके लिए वैवाहिक जीवन फूलों की सेज न होकर कांटों का बिस्तर बन कर रह गया ।

निशा एक अत्यधिक धर्मपारायण परिवार की बेटी थी, जहां उसे सैक्स को मात्र संतानोत्पत्ति का साधन मानने की सीख मिली थी । उसका पति शैलेश पत्नी के रूप में एक जोगन को स्वीकार नहीं कर पाया । उसने अपनी रातें बाहर बितानी शुरू कर दीं ।

यहां कसूर शानू और निशा का नहीं बल्कि उनकी माताओं का है, जिन्होंने उन्हें सैक्स के प्रति स्वस्थ दृष्टिकोण रखना नहीं समझाया ।

आमतौर पर पति-पत्नी के शारीरिक मिलन में अंतरंगता ही उनमें गहरा जुड़ाव पैदा करती है । दैहिक मिलन की इच्छा सफल दाम्पत्य के लिए एक जरूरी-सी बात है । यह जरूरत दोनों तरफ है ।

अक्सर औरत अपनी कामेच्छा को लेकर अति संवेदनशील होती है ।

पति की काम विरक्ति को खामोशी से सहते वह भीतर ही भीतर घुटती रहती है । इस बात को वह किसी से आसानी से बांट नहीं पाती । परिणामस्वरूप वैवाहिक जीवन में तनाव बढ़ने लगता है । परिणति अलगाव तक पहुंच जाती है ।

इसके विपरीत कई औरतों की सैक्स के प्रति वितृष्णा का कारण पति का सैक्स में जरूरत से ज्यादा लीन रहना है । हमारा समाज पति के लिए इस विषय में जहां संकुचित विचार नहीं रखता, औरत के लिए कठोर अनुशासन में रहना उचित मानता है । इस विषय में उसकी इच्छा चरित्रहीनता, बेशर्मी, निर्लज्जता करार दी जाती है । इसीलिए यौन इच्छा को दबाये रखने से कई औरतें कुंठाग्रस्त रहने लगती हैं ।

दम्पतियों को चाहिए कि वे एक-दूसरे के मन को पढ़ना सीखें । तन की पुकार अनसुनी न करें । अगर वे वास्तव में एक-दूसरे को सच्चा प्यार करते हैं, तो हर जरूरत की तरह सैक्स की जरूरतों का भी ध्यान जरूर रखें, क्योंकि पति-पत्नी के लिए सैक्स भी प्यार का ही हिस्सा है ।

यौन-सुख दम्पति को कभी बूढ़ा महसूस नहीं होने देता । उम्र के पड़ाव में एक ऐसा मुकाम भी आता है, जब यौन-सम्बधों में शुष्कता आने लगती है । सिर्फ महिलाएं ही नहीं, पुरुष भी मेनोपॉज के दौर से गुजरते हैं । यौनशुष्कता होने पर पति-पत्नी के सम्बंधों में ऊब और ठंडापन आने लगते हैं ।

यह एक ऐसा नाजुक दौर है, जब पत्नी की तरफ से जरा-सी ढील पति के कदमों को बहका सकती है । संवादहीनता की स्थिति समस्या को और बढ़ा देती है । इसलिए बेहतर यह है कि उन्हें बैठकर स्पष्ट रूप से इस मुद्दे पर इंटेलिजैंट डिस्कशन कर लेना चाहिए । एक-दूसरे की चाहत जानकर उसके अनुसार उन्हीं तरीकों को अपनाकर वे यौन-संतृप्ति प्राप्त कर सकते हैं । बदलाव से ही नयापन लाया जा सकता है । विविधता से ऊब मिटाई जा सकती है । कोई शारीरिक तकलीफ होने पर डॉक्टरी सहायता लेने में देर नहीं करनी चाहिए । "जैसा चल रहा है चलने देते हैं" वाला एटीट्यूड दाम्पत्य के लिए घातक सिद्ध हो सकता है । कई दम्पति नहीं जानते कि जरा-सी लापरवाही के कारण वे क्या कुछ खो रहे हैं ।

यह सच है कि स्वस्थ यौन-सम्बंध ही प्रेम में प्रगाढ़ता लाते हैं और प्रेम यौन-सम्बंधों में आनंद प्रदान करता है। सुखी दाम्पत्य के लिए यौन सम्बंधों का पर्याप्त ज्ञान अहम् है। उम्र बढ़ने के साथ यौन क्रिया में कमी आ सकती है, लेकिन समाप्त नहीं होती। शरीर का शैथिल्य इसमें बाधक इसलिए नहीं होता, क्योंकि सैक्स का सम्बंध मन से अधिक है।

आखिर में जहां सैक्स रहित वैवाहिक जीवन अस्वास्थ्यकर होता है, उसकी अति और भी अस्वास्थ्यकर हो सकती है। इसलिए सैक्स को जरूरत से ज्यादा अहमियत देकर ऐतिहासिक काल के अय्याश राजा महाराजाओं की तरह इसमें लीन रहना व्यक्तित्व को खंडित ही नहीं करता, बल्कि जीवन का संतुलन ही बिगाड़ कर रख देता है।

यौन-सम्बधों में प्रगाढ़ता लाने के लिए पति-पत्नी दोनों को एक-दूसरे की इच्छाओं का सम्मान करना चाहिए। कहा भी गया है "सैक्स इज इंपॉर्टेंट इन मैरिड लाइफ बट इट्स नॉट दि बी ऑल एंड एंड ऑल।"

●●

49

शादी न बन जाए बर्बादी

आपको कितने ही जोड़े ऐसे मिलेंगे, जो विवाहित जीवन, मशीनी तरीके से जी रहे होते हैं । उनके लिए प्यार-व्यार शादीशुदा जीवन के लिए कोई मायने नहीं रखता । ये सब फिल्मी चोंचले हैं, जिनका असल जीवन से कोई ताल्लुक नहीं, वे कहेंगे । निस्संदेह सैक्स की शादी में बहुत अहमियत है । यह हलुए में चीनी की तरह है । यह सम्बंधों में भावनाओं का बहाव बनाए रखता है । आपको इन भावनाओं को पैदा करना है, एक-दूसरे के सपने बांटकर, एक दूसरे को समय, ध्यान और केयर देकर ।

सैक्स की अहमियत :- उपेक्षा से यह पौधा जीवित नहीं रहेगा । शादी के पौधे को पति-पत्नी को लगातार सींचना पड़ता है । अगर पति-पत्नी में सैक्स संतुष्टि भरता है, तो उनका विवाहित जीवन पल्लवित होता है, उसमें बहार रहती है । सैक्स को जो पति-पत्नी केवल कर्तव्य मानकर चलते हैं, वे सैक्स को आइसबर्ग की तरह देखते हैं अर्थात् अपने संपूर्णत्व में नहीं, बल्कि आंशिक रूप में ही । पत्नी से सैक्सुअल सेटिस्फैक्शन बहुत हद तक पति को विवाहेत्तर सम्बंध बनाने से बचाता है। इसी तरह पत्नी के साथ भी होता है । पति से सैक्सुएली सेटिस्फाई न हो पाने की सूरत में उसके कदम अक्सर बहकने लगते हैं ।

विवाह को प्राथमिकता दें :- औरत लाख कैरियर माइंडेड हो, एक बार वैवाहिक बंधन में बंधने पर निस्संदेह विवाह ही उसकी प्राथमिकता होनी चाहिए । विवाह जीवन भर के लिए है । नौकरी विवाह में खुशियां बढ़ाने के लिए है । नौकरी विवाह में खुशियां बढ़ाने के लिये की जा सकती है, लेकिन नौकरी की जाए और जीवन की खुशियां दांव

पर लगा दी जाय यह समझदारी नहीं है । यह बात हमेशा ध्यान रहे कि विवाह ही केंद्रीय इकाई है । बच्चे होने पर बेशक उनका पालन-पोषण लाड़-दुलार करना आपका कर्तव्य है, लेकिन उसकी सीमा को समझें । बच्चों को लेकर पति की उपेक्षा न करें। बच्चों को प्राथमिकता देना आपके विवाह पर भारी पड़ सकता है। कहीं ऐसा न हो कि आप बच्चों में मस्त हो जायें और पति देव कहीं और खुशियां खोजने में जुट जाएं ।

●●

50

एक-दूसरे को मानिए पूरक

पति-पत्नी के रिश्ते में कोई छोटा-बड़ा या ज्यादा महत्वपूर्ण नहीं होता। यह रिश्ता बराबरी का है, जहां पति-पत्नी दोनों को एक-दूसरे की आवश्यकता होती है। देखा गया है कि कुछ समय के अंतराल में प्यार की उष्णता ठंडी पड़ने लगती है। इसका कारण है सहज उपलब्धता। पति-पत्नी के बीच की घनिष्ठता कब उबाऊ होने लगती है, इसका शायद दोनों को ही पता नहीं चलता। अक्सर पत्नियों को पति से शिकायत रहती रहती है कि उन्हें जरूरत सिर्फ बिस्तर पर होती है, जो काफी हद तक सही भी है। यह कार्य तो कोई सैक्स वर्कर भी कर सकती है, फिर मेरी अहमियत ही क्या है ? कहती हैं निशा आहूजा। एक बच्चे की माँ बनते ही मैं उनके लिए बेकार हो गई हूं। अक्सर ये मुझे यूज़लैस वुमेन कहकर दुतकारते हैं। मनिका देसाई को अपने पति से गिला है कि अब वे बहुत बदल गए हैं। शुरू के दिनों जैसा अब ये मुझे प्यार नहीं करते। मैं अगर पास बैठ उनके हाथ अपने हाथ में लेकर गाल से गाल सटाती हूं, तो वे ही गाल जो उनके लिए फूलों से नाजुक थे, कांटे बन जाते हैं। ये झट से अपना हाथ खींच लेते हैं। कभी मैं लाड़ से अपना सिर इनके कंधों पर टिकाती हूं, तो मेरा सिर फौरन हटाकर कहेंगे-क्या करती हो ? कोई देख लेगा। जैसे पत्नियों को शादी के कुछ समय बाद अक्सर यह शिकायत रहती है कि पतिदेव अब उन्हें पहले सा प्यार नहीं करते, पतियों को भी यही शिकायत पत्नियों से रहती हैं कि अब वे पहले सी रोमांटिक और स्वीट नहीं रहीं। हर समय किसी न किसी बात को लेकर उलाहने देती रहेंगी या खीजती रहेंगी, चाहे वो समय प्यार करने का ही क्यों न हो। दरअसल स्त्री-पुरुष दोनों का प्यार का तरीका अलग होता है।

स्त्री चुंबन और स्पर्श को अधिक महत्व देती है। पुरुष स्वभाव से

ही बेसब्रे होते हैं । वे किक्कीज में ज्यादा विश्वास करते हैं । इसमें दो राय नहीं कि सैक्स ही विवाह को अर्थ प्रदान करता है । पति-पत्नी के सम्बंधों को प्रगाढ़ बनाकर उन्हें एक अनोखी कोमलता प्रदान करता है। लेकिन यह भी सच है कि केवल सैक्स ही प्रेम नहीं है । केवल शारीरिक तृप्ति के इरादे से बनाया गया सम्बंध कभी पूर्ण तृप्ति प्रदान नहीं करता। दाम्पत्य के लिए प्रेम व सैक्स दोनों ही आवश्यक है । जरूरी नहीं कि आपको एक-दूसरे की हर आदत पसंद हो । हर व्यक्ति की अपनी कमजोरियां होती हैं । स्वभाव से प्लस-माइनस पॉइन्ट्स होते हैं । लेकिन प्यार और अपनेपन से साथी को पूर्ण विश्वास में लें, डांट-फटकार या हुक्मशाही से नहीं । फिर सामंजस्य तो वह सुनहरी कुंजी है ही, जिससे हर समस्या को निपटाया जा सकता है । दाम्पत्य में रिश्तों को मजबूत बनाने के लिए यह आवश्यक है कि आप दूसरे को यह अहसास कराएं कि वह आपके लिए कितनी अहमियत रखता है, आपको उसकी कितनी जरूरत है । यह अहसास जहां अहम् को संतुष्ट करता है, वहीं ऊब से मुरझाते रिश्ते में नवजीवन का संचार भी कर सकता है । जैसा कि किसी ने कहा है, सुखद विवाह का रहस्य सही व्यक्ति पाने में नहीं है बल्कि स्वयं ही बन जाने में है । खुद को लचीला बनाएं, विवाह को बंधन न मानें । न अपने लिए न जीवन साथी के लिए । सुखद दाम्पत्य का आधार है देने का जज्बा । हमेशा दूसरे से आशा करते रहने से केवल दुख ही मिलता है । यह सोचकर कि मैं साथी के लिए क्या करूं, स्वतः ही साथी को प्रेरित करेगा कि वह आपके लिए कुछ करे । अहम् का त्याग इस रिश्ते की सफलता के लिए अपरिहार्य है । मैं तुम्हारे लिए आवश्यक हूं। तुम्हारा मेरे बगैर पल भर भी गुजारा नहीं हो सकता । मेरी सेवाओं की तुम्हें आदत हो गई है इत्यादि बातों से अहंकार की बू आती है । आप स्वयं को इतना महत्व न दें । यह काम जीवनसाथी पर छोड़ दें । आप ही अपनी महत्ता जताती रहेंगी, तो पतिदेव को आपका महत्व जताने का मौका ही नहीं मिलेगा । क्या आपके कानों में यही बात अगर वे कहें, तो अमृत नहीं बरसाएंगी ? आपके लिए पतिदेव कितने अज़ीज हैं, यह समय-समय पर उन्हें जताना न भूलें । एक-दूसरे को अपनी आवश्यकता मानें और इसे दिल खोलकर बार-बार जताएं भी । ●●

51

पति के मित्रों को 'ब्यॉय फ्रैंड' न बनाएं

विवाह के सात बरस बीत जाने पर पलक और राजन एक-दूसरे से काफी बोर होने लगे थे। उनमें प्यार था, आपसी समझ-तालमेल सब कुछ था, जो सफल दाम्पत्य की नींव होता है, लेकिन बातों के लिए टॉपिक्स चुक गए थे। अपने दोनों बच्चों कौटिल्य और नवेली को, भविष्य संवारने की गरज से वेलहम में पढ़ने भेज दिया था। लेकिन यही पलक और राजन, जब इनके फ्रैंड्स आ जाते, तो इतने खुश दिखाई देते, मानो जीवन का असली आनंद बस ये ही उठा रहे हैं। सारी बोरियत दूर हो जाती। राजन मित्रों की पत्नियों के पीछे भाभी ये, भाभी वो कहते फिरता और पलक किसी को भैया, तो किसी को भाई साहब कहती बातों के पूरे मूड और मस्ती में रहती। जब दोनों इकट्ठे दोस्तों को अटेंड करते, तो बात और होती, लेकिन वही दोस्त ऐसी चुलबुली-चटपटी भाभी से बोरियत दूर करने जब अकेले आ पहुंचते, तब भी आदतन पलक वैसे ही 'बिहेव' करती।

रवि की पत्नी काफी 'रिजर्वड' और गंभीर किस्म की थी, इसलिए रवि को पलक भाभी का साथ बहुत गुदगुदाता। वह अक्सर सोचता, काश! मेरी बीवी पलक जैसी होती। एक दिन जनाब इसी गम में थोड़ी-सी चढ़ाकर पलक भाभी के यहां राजन की अनुपस्थिति में पहुंच गए। दिल की बात जबान पर आ गई और थोड़ा आगे बढ़ने के प्रयत्न में उसने पलक को बांहों में लेना चाहा। पलक के एतराज करते हुए नाराजगी जाहिर करने पर वह बेशर्मी से बोला "कम ऑन पलक! यार, आप जैसी एडवांस औरतों को तो जायका बदलते रहना चाहिए। एक ही आदमी से बोर नहीं हो जाती आप!"

रवि की इस हरकत से दोनों परिवारों में दोस्ती खत्म हो गई । अब पलक को अक्ल आ गई कि पति के मित्रों से सीमा में रहकर बातें करनी चाहिए । उनके साथ अपना व्यवहार मर्यादित रखकर चलना चाहिए ।

जो मित्र शरीफ होते हैं, वे स्वयं ही मित्र की गैरहाजिरी में उनकी बीवियों को 'विजिड' करने नहीं जाते । कोई खास मैसेज देना हो या कोई जरूरी बात हो, तो बात अलग है । उसमें भी जमकर नहीं बैठ जाते हैं। उन्हें खुद अटपटा लगता है ।

कई महिलाओं को पुरुषों की कम्पनी ही अच्छी लगती है । औरतों को देखकर जहां चेहरे पर बोरियत झलकने लगती है, वहां पुरुषों को देखकर आंखों में चमक और चेहरे पर रौनक आ जाती है । उन्हें कई बार यह तक भान नहीं रहता कि सामने वाला औरत नहीं पुरुष है, जिससे आप सहेली की तरह बात नहीं कर सकतीं । व्यर्थ ही पुरुषों से इंटीमेंट होने की आदत से महिलाओं को बाज आना चाहिए । हो सकता है कि महिला का मन साफ हो, बस आदत के वशीभूत ही वह पराए मर्दों से इतना खुलकर बात करती हो । लेकिन पुरुष उसे किस रूप में लेते हैं, इसको मापने का कोई पैमाना नहीं । शालीनता से रहेंगी, तो हमेशा इज्जत बनी रहेगी । पति के किसी भी मित्र की आपसे फ्लर्ट करने की सहज ही हिम्मत नहीं होगी । उनके साथ अशिष्टता बरतें, यह भी उचित नहीं होगा। आखिर वे आपके पति के मित्र हैं । औरतों को ईश्वर ने छठी इंद्रिय इसीलिए दी है कि वे इससे पुरुषों के चरित्र को बखूबी समझ लेती हैं । किसकी निगाह पाक है, किसकी नहीं ।

कई लड़कियां फितरत से मासूम और भोली होती हैं और विवाह के बाद भी उनमें वही मासूमियत रहती है । यह माँ का कर्त्तव्य है कि वह बेटी को इस बात की जानकारी दे कि उसे पति के मित्रों से कैसा व्यवहार करना चाहिए, जिससे कि कोई भी उस पर उंगली न उठा सके और पति के मन में भी कोई गलतफहमी न पलने लगे ।

नीरजा एक बेहद खूबसूरत और टैलेंटेड युवती थी । कॉलेज के कितने ही लड़के उससे दोस्ती करने के लिए मरते थे । हमेशा मिलने वाली प्रशंसा ने नीरजा को इसका आदी बना दिया था और कुछ-कुछ घमंडी भी । शादी होकर वह पति के साथ रहने मुंबई आ गई । पति के

दोस्त खूबसूरती तो देख सकते थे, मगर टैलेंट के बारे में उन्हें ज्यादा पता न था। और नीरजा के पति को अपनी या पत्नी की बड़ाई मारना आता नहीं था। नीरजा ने स्वयं यह बीड़ा उठाया। अपनी तारीफ कर-कर के उसने उन सभी को इस कदर बोर कर दिया कि उसे सभी ने महाटैलेंटेड समझने के बजाय महाबोर कहना शुरू कर दिया। सहजता, औपचारिकता, शिष्टाचार और मर्यादा ये वे बातें हैं, जिनका महिलाओं को पति-मित्रों के साथ व्यवहार में पालन करना चाहिए। उन्हें पति-मित्र ही रहने दें, अपना ब्वाय फ्रेंड न बनायें। है तो आपके पास अपना घनिष्ठ ब्वाय फ्रेंड आपका पति !

●●

52

पति का काम करने का नशा करता है, पत्नी का जीवन बेमजा

इनकम, ओहदा आज आपकी पहचान बन गया है । उसी हिसाब से सोसायटी में आपकी इज्जत है, मान-सम्मान है । विनी का पति आज करोड़पति है, लेकिन ससुराल में जब भी उसके माता-पिता का कोई जिक्र आता है, कोई रिश्तेदार अगर पूछता है कि विनी तुम्हारे पापा क्या करते हैं या कोई रिश्तेदार विनी के मायके इन्दौर जाते हुए उसके घर का पता मांगता है, तो विनी टाल देती है । निम्न-मध्यमवर्ग में पली-बढ़ी विनी को आज पीहर को लेकर ढ़ेर सा कॉम्लैक्स है, लेकिन क्या विनी को उस घर में बिताया बचपन आज भी खुशियों से नहीं भर देता, जबकि उसका वर्तमान एकदम उबाऊ, तनावग्रस्त और फीका है । आराम है, मगर सुख नहीं, महल जैसे घर की दरो-दीवार मानो कैद बन जाती है ।

पतिदेव ने काम फैला लिया है । उनका व्यापार दिन-दूनी रात-चौगुनी तरक्की कर रहा है । पति इतने व्यस्त हो गए हैं कि उनके पास न पत्नी के लिए और न बच्चों के पास होस्टल में मिलने जाने के लिए जरा भी वक्त है ।

विनी जैसी न जाने कितनी ही महिलाओं के जीवन की यह विडंबना है कि उन्हें ढेर-सा पैसा तो चाहिए, मगर उससे जुड़े सेक्रिफाइज करने को वे तैयार नहीं । उन्हें दोनों हाथों में लड्डू चाहिए ।

नीना कम में ही संतुष्ट रहने वाली महिला है, मगर पतिदेव को ओवरटाइम करने की धुन रहती है । वह हफ्ते में 60 से भी अधिक घंटे कार्यस्थल पर गुजारते हैं । काम में वे इस कदर डूब जाते हैं कि उन्हें नीना और बच्चों की भावनाओं, उनकी इच्छाओं, अरमानों की भी परवाह नहीं

रहती । उनका बेटा बबलू सीढ़ियों से गिर पड़ा । घबराकर नीना ने ऑफिस फोन किया, तो पतिदेव ने ड्राइवर के साथ गाड़ी भिजवा दी । घर पर यार दोस्त आते हैं, तब भी सिवाय ऑफिस के उन लोगों के पास और कोई बात नहीं होती । ज्यादा हुआ तो थोड़ी-बहुत पॉलिटिक्स डिस्कस कर लेंगे ।

ऑफिस से आने पर एक बार नीना ने पति के हाथ में एक खूबसूरत डिब्बी में हीरे की अंगूठी देखी । वह खिल उठी । शायद मेरे करीब आते बर्थडे का उपहार ले आए हैं । ओह ! मैं तो बेकार ही इनसे नाराज रहती हूं । इन्हें तो मेरा पूरा ख्याल रहता है । मगर बर्थडे आया और चला गया पर पतिदेव आराम से वह दिन भुला बैठे थे और वह अंगूठी तो बॉस की बीवी की उंगली की शोभा बढ़ा रही थी । इस बार पतिदेव की प्रमोशन जो हुई थी ।

कहते हैं 'वर्क इज वर्शिप' अर्थात् काम पूजा है, मगर यह कैसी पूजा, जिससे दूसरे हर्ट हों । आखिर अब आप छड़े या अकेले नहीं । काम इंसानी जीवन का एक महत्वपूर्ण तत्व है, इसमें शक नहीं, मगर यह कुछ तत्वों में से सिर्फ एक है और यह बात भूलने वाली नहीं है । काम एक साधन तो है, मगर साध्य नहीं । क्या यह जुनून वंशानुगत है ? ऐसा कुछ प्रूव नहीं हुआ है । हां, यह हो सकता है कि पिता, जो कि बच्चे का रोल मॉडल है, को देखकर बच्चा भी अंत में वर्कहॉलिक (कमेरा) ही बने या फिर इससे उलट वर्कहॉलिक होने के नुकसान देखकर वह बिल्कुल न बने ।

एल्कॉहलिक लोगों को दारू का नशा होता है, तो वर्कहॉलिक को काम का नशा । एल्कोहल की तरह काम के नशे को सपोर्ट करने वालों की कमी नहीं । मगर बीमारी तो बीमारी है, जिसका इलाज एक नॉर्मल सुखी जीवन के लिए होना ही चाहिए, अन्य नशे की तरह ही । हालांकि ऐसा वह अपनी स्वतंत्र मर्जी से कर रहा होता है । इस बीमारी की रोकथाम सही समय पर सही ट्रीटमेंट द्वारा की जा सकती है । अपनों का प्यार और विश्वास ही वर्कहॉलिक को सही राह पर ला सकता है । वर्कहॉलिक का यह बहाना कि ये सब मैं परिवार की खुशहाली के लिए ही तो कर रहा हूं, बहुत कॉमन है । मगर यह बात भी उसे अच्छी तरह

से समझा दी जानी चाहिए कि परिवार की सच्ची खुशी कुछ समय उसके साथ बिताने में है, उन्हें क्वालिटी टाइम देने में है। पति के काम को सौत मानकर चलने से बात और भी बिगड़ जाती है। त्रिया चरित्र दिखाने से या कटु आलोचना से पति और भी ज्यादा देर वर्कप्लेस में लगा सकते हैं। घर जाकर जली-कटी सुनना कोई भी पति पसंद नहीं करेगा। यह सच है कि अधिक काम करने से उनका इगो तृप्त होता है। काम की झक में वे अपना क्या नुकसान कर रहे हैं, वे उस समय तक समझ नहीं पाते, जब तक कि उसके गंभीर परिणाम रोग बनकर उन्हें अपनी चपेट में नहीं ले लेते। पत्नी उनकी हमदर्द, उनकी वैल विशर है, वह केवल अपने बारे में ही नहीं सोचती बल्कि उसे पति की भी फिक्र है। अगर उसकी सारी तरकीबों मसलन उन्हें सामाजिक गतिविधियों से जोड़ने, आउटिंग के लिए राजी करने, फैमिली फ्रैंड्स के यहां जाने के लिए तैयार करने में फेल हो जाती है और उसे डर है कि पति कार्य के जुनून से कोई मानसिक रोग पाल लेंगे, तो काउंसलर की मदद ली जा सकती है।

●●

53

दाम्पत्य में सेंधमारी

प्यार भी अजीब शै है । ये तो बस हो जाता है, कब, क्यों, कहां यह कुछ निश्चित नहीं है । प्यार करने वालों को प्यार का ऑब्जेक्ट दुनिया में सबसे ज्यादा हसीन लगता है, चाहे वह बदसूरत ही क्यों न हो ।

ऐसा न होता तो हमारे पड़ोसी किसलय रहेजा जैसे बदशक्ल और रूखे इंसान के पीछे संजना यूं न बावरी हुई होती । उनकी पत्नी के सीधेपन का ही फायदा संजना को मिल गया । चंचल और स्मार्ट संजना रिश्ते में हालांकि किसलय की कुछ दूर की बहन लगती थी । किसलय की शादी उसके मां-बाप संजना से कभी न करते, ये बात वह जानती थी, लेकिन उनके प्यार में वह बाधा नहीं डाल सकते थे । इन समीकरणों में संजना ने किसलय के जीवन में जगह ले ली थी ।

एक थे संजीव पांडे जमींदार और उस पर बड़े राजनेता । दिखने में भी काफी सुदर्शन व्यक्तित्व के मालिक । माता-पिता ने उनकी शादी जमींदार घराने की एक कम पढ़ी-लिखी, सुन्दर, सुशील कन्या से कर दी थी । एक-एक कर वह चार बच्चों की माँ बन गई । संजीव को एक तो पहले ही वह पसंद न थी, तिस पर चार बच्चों की माँ हो जाने पर वह उससे और भी खिंचा रहने लगा था । नमिता के हावभाव में उसे आमंत्रण दिखाई दिया । अपने प्रेम को शक से बचाये रखने और संजीव और उसकी पत्नी ऐश्वर्य के दाम्पत्य में सेंधमारी करने के लिए नमिता ने भी विवाहित प्रेमी के बच्चों को फुसलाने का षड्यंत्र रचा । वह उनके लिए महंगे तोहफे खरीदती । कभी उन्हें होटलों में ले जाती, कभी पिक्चर दिखाती । किशोरावस्था में सभी बच्चों में सही-गलत की इतनी पहचान नहीं हो पाती है । बच्चे नमिता आंटी के सामने अपनी माँ को फूहड़ समझने लगे ।

अब नमिता का दूसरा कदम था प्रेमी के साथ मिलकर अपने पति को रास्ते से हटाने के लिए उसका कत्ल करवाना। कानून उनका कुछ न बिगाड़ सका। नमिता कुछ दिनों के शोक के नाटक और श्वेत वस्त्रों के दिखावे के बाद ठाठ से अपने प्रेमी की दूसरी पत्नी बनकर रहने लगी। प्रेम का एक घिनौना रूप यह भी है। दूसरों का घर उजाड़ने वाली ऐसी सेंधमार औरतों का कहना है कि प्यार के लिए सामाजिक स्वीकृति वे ही चाहते हैं, जो भीरु होते हैं। आजाद देश में हर औरत को इस बात की पूर्ण आजादी होनी चाहिए कि वह किसी से चाहे प्यार करे।

विनय और मोना का प्यार परवान चढ़ता, इससे पहले ही विनय की शादी डॉक्टर अंजलि से हो गई। अंजलि चूंकि डॉक्टर थी, वह अस्पताल और मरीजों में व्यस्त रहती। किचिन में तरह-तरह की चीजें बनाकर पति को खिलाने के लिए भला उसे फुर्सत कहां थी। अंजलि की व्यस्तता का फायदा मोना ने खूब उठाया। उसके अस्पताल जाने पर वह विनय की पसंद की, चीजें बनाकर उसे खिलाती। अपने प्यार को प्लेटॉनिक दोस्ती का नाम देकर वह जब-तब अपने मित्र, रिश्तेदारों को छलती रही, जब तक कि बिल्ली के भाग से छींका न टूटा। अंजलि के गुर्दों ने काम करना बंद कर दिया था। कोई इलाज न बचा और वह असमय ही चल बसी। अंजलि की मौत को अभी चंद महीने भी न हुए थे कि मोना उसकी जगह दूसरी पत्नी बनकर आ गई।

यह सच है कि प्यार किया नहीं जाता, हो जाता है। प्यार करना जुर्म नहीं, चाहे फिर वह किसी शादीशुदा से ही हो। प्यार करना जुर्म नहीं लेकिन किसी पति, मां, पत्नी से प्यार जताना बेशक जुर्म की ही श्रेणी में आता है। यह बात अलग है कि कानून इसके लिए किसी को सजा नहीं दिला सकता है।

एक समर्पित भारतीय पत्नी के लिए पति जीवन से बढ़कर होता है। उसकी मृत्यु के बाद वह जीवित लाश बनकर रह जाती है। वह ठीक करती है या गलत, यह उसकी अपनी सोच है। इस पर जजमेन्ट देने का हक किसी को नहीं, क्योंकि यह उसका व्यक्तिगत मामला है, लेकिन उसी पत्नी से उसका 'जीवन' छीन लेना, कत्ल करने से छोटा अपराध नहीं है। इसी तरह किसी पागल प्रेमी की हद तक पत्नी को चाहने वाले पति से उसकी पत्नी छीन लेना, यह भी उतना ही संगीन अपराध है। ●●

54

क्यों जायें पति दूसरी औरत की बांहों में

अविनाश की रोज अपनी पत्नी मेघना से किसी न किसी बात को लेकर लड़ाई होती ही रहती थी । बगैर कारण अविनाश कुछ न कुछ हाथ तक उठा देता । मेघना एक नम्र स्वभाव की सुसंस्कृत महिला थी । न उसे न उसके माता-पिता को अविनाश का यह व्यहवाहर समझ में आता । मेघना की मौसी जब पटना से बहन के घर आई, तो माँ ने बेटी मेघना को भी पीहर बुलवा लिया ।

मौसी ने मनोविज्ञान में डॉक्टरेट की हुई थी और वे मानसिक चिकित्सालय में कार्यरत थीं । उन्होंने मेघना की समस्या का कारण चुटकियों में खोज निकाला । अमीर घर की मेघना के पास पति के लिए जरा भी वक्त नहीं रहता था । हर समय किट्टी पार्टी, क्लब और ब्यूटी पार्लर के चक्करों में वह पड़ी रहती कि कैसे अपनी सहेलियों में अपनी श्रेष्ठता दिखाये ।

इसी में उसकी सोच उलझी रहती । नित नये कपड़े और जेवर ही जीवन में उसकी प्राथमिकता बन चुके थे । वह यह बात भूल रही थी कि पति का दिल जीतने के लिए आतंरिक गुणों के साथ व्यवहार कुशल होना भी जरूरी है ।

अविनाश जब अपने को उपेक्षित पाता, तो वह अपनी महत्ता जताने और ठीक एक बच्चे की तरह पत्नी का ध्यान आकर्षित करने के लिए ही उद्दण्डतापूर्ण व्यवाहर करता था ।

उसे पत्नी की अटैंशन चाहिये थी । अपनी उपस्थिति दर्ज कराना उसकी चाह थी । मौसी ने जब इस तरह मेघना के पति का व्यवहार विश्लेषित किया, तो बात एकदम मेघना के भी समझ में आ गई । उन्होंने

कहा मेघना अभी कुछ नहीं बिगड़ा, अपनी जीवन शैली बदल डालो। पति के प्यार में ही जीवन का सारा सुख समाहित है। उसे खो दोगी, तो सिवाय पछतावे के कुछ न रहेगा।

मौसी ने जब यूं समझाया, तो मेघना की माँ ने भी बात की तस्दीक करते हुये कहा-पत्नी से सुख, न मिलने पर ही पति अपना सुख दूसरी औरत में तलाशते हैं बेटी। पति के स्वभाव की आलोचना करने के बजाय जैसा तुम्हारी मौसी कहती है, उसे समझने की कोशिश करो।

वह तुम्हारा साथ चाहता है और कुछ नहीं। मेघना ने धीरे-धीरे क्लब किट्टी कम करके पति को ज्यादा समय देना शुरू कर दिया। उसने देखा कि पति के व्यवहार में आश्चर्यजनक बदलाव आ गया था। वह हर समय मेघा-मेघा करता उसके सानिध्य में एक पागल प्रेमी बन गया था।

कई औरतें ऐसी होती है कि उनमें जरा-सा भी सैंस ऑफ ह्युमर (बिनोदप्रियता) नहीं होती। हर समय मुंह चढ़ा हुआ ही दिखाई देता है उनका। अब ऐसी पत्नी के साथ पति कैसे खुश रह सकते हैं। ये औरतें स्वयं तो बुझी-बुझी रहती हैं, बेचारी स्वभाव से बेहद खुशमिजाज हंसने-हंसाने वाले पति का भी हंसना बोलना छुडवा देती हैं। ऐसी में क्या ताज्जुब की शोख चंचल बालायें उन्हें मुग्ध कर लें। गंभीर किस्म के पति भी बीवी की चंचलता से प्रभावित हुए बगैर नहीं रहते। आखिर हंसना बोलना किसे अच्छा नहीं लगता ?

पति को घर से लगाव हो, यह देखना हर स्त्री का कर्त्तव्य है। दाम्पत्य कायम रखने के लिए पुरुष से ज्यादा स्त्री को सतर्कता बरतनी होती है।

जरा-सी ढील पति की राह भटका सकती है। विवाह को कभी भी टेक फांर ग्रान्टेड मानकर न लें। इसे सतत पोसना पड़ता है। अपने व्यक्तित्व के विविध रंगों से इसे रगांरग बनाकर रखना पड़ता है वर्ना एकरसता इसमें ऊब का दीमक लगा देगी।

विवाह तन-मन दोनों का मिलना है। अक्सर विवाह केवल दैहिक मिलन बनकर रह जाता है, जो कि खुमार उतरते ही कुछ समय में मन के मिलन के अभाव में दरकने लगता है। पति का मन जीतने के लिए

औरत में प्रेम के साथ सुघड़ता होनी जरूरी है ।

सजा घर जहां हर समान सही जगह पर रखा होने से परेशानी न हो, स्वादिष्ट खाना जो सेहत के लिए भी अच्छा हो, जो विविधता लिये हो और पति के रुचि के अनुकूल हो, साफ सुथरे बैल बिहेण्ड़ बच्चे (थोड़ी बहुत शैतानी तो वे जरूर करेंगे) यही है एक अच्छे घर (स्वीट होम) का तस्सवुर, जो कार्य से थके-हारे पति की थकान हर लेता है । तनाव दूर कर उसे फिर कार्य पर जाने के लिए रिचार्ज करता है ऊर्जा से भर देता है ।

●●

55

रिश्तों में कड़वाहट न आने दें

यह सोचना कि विवाह केवल दो व्यक्तियों का मिलन है, सरासर खुदगर्जी का परिचायक है । किन्तु आज की युवा पीढ़ी यही सोच लेकर चलने लगी है । यही कारण है कि आजकल की विवाहिताओं से पति के अलावा ससुराल का कोई व्यक्ति सहन नहीं होता । लेकिन वे यह भूल जाती हैं कि अन्य रिश्ते उनके दाम्पत्य को सींचने के लिए जरूरी होते हैं। कोई भी रिश्ता अपने आप में सम्पूर्ण नहीं होता, उससे जुड़े अन्य रिश्ते भी होते हैं, जो महत्त्वपूर्ण हैं । उन्हें उपेक्षित नहीं किया जाना चाहिए।

हरजीत और राजदीप का दाम्पत्य रोजमर्रा के झगड़ों के कारण टूटने की कगार पर आ गया था । उन्होंने घरवालों से विद्रोह करके प्रेम-विवाह किया था । इसलिए दोनों का ही अपने घरवालों से सम्बंध टूट गया था। वे इसके लिए एक-दूसरे को दोषी ठहराते । उनमें कई-कई दिन तक बातचीत तक बंद रहती ।

पति-पत्नी अगर दोनों नौकरी करते हैं, तो आपस में टकराव के मौके ज्यादा आने लगते हैं । पत्नी अगर पति से ज्यादा कमाती है, ओवर टाइम करने या बॉस के साथ बाहर जाने के कारण घर-बच्चों की देखभाल नहीं कर पाती है, तो इससे पति-पत्नी के रिश्तों में दरार पड़ने लगती है ।

अक्सर आपसी झगड़ों का कारण या तो बहुत मामूली होता है या गलतफहमी के कारण मनमुटाव होता है । एक दिन नीना पति के व्यवहार से बहुत दुखी थी । उसने पड़ोस में रहने वाली अलका के सामने अपना मन हल्का करते हुए कहा, 'पता नहीं यह क्यों इतने खीझे रहते हैं । कोई

समस्या इन्हें परेशान कर रही है लेकिन पूछने पर कुछ भी नहीं बताते।' अलका ने यह बात पति नीलेश से कही और नीलेश ने नीना के पति से मजाक में कह दिया–'क्या बात है, आजकल हमारी भाभी को तुम बहुत परेशान कर रहे हो, यह तो ठीक नहीं है।' नीना के पति ने बात को उस रूप में नहीं लिया, जिसमें बात कही गई थी। उसे गंभीर रूप देते हुए उसने नीना को इतना कुछ कह डाला कि अंदर ही अंदर घुटते हुए नीना मानसिक रूप से बीमार हो गई। बाद में नीना का पति बहुत पछताया। पत्नी के इलाज में खूब पैसा खर्च करता रहा लेकिन नीना पहले की तरह खुशमिजाज नहीं हो पायी। औरत का मन कोमल होता है। उसे कोई भी कड़वी बात अंदर तक साल जाती है। थोड़ा-सा प्यार देकर पति उसे अपने प्यार का गुलाम बना सकता है। कोई भी विवाह तभी सफल होता है, जब पति-पत्नी एक-दूसरे की भावनाओं का सम्मान करते हैं, एक-दूसरे की वाजिब चाहत इच्छाओं को समझकर उसे संतुष्ट करने का प्रयत्न करते हैं। सुख-दुख में एक-दूसरे का साथ एक ही तरह निभाते हैं। गम्भीरता और रिश्तों की तरह दाम्पत्य की भी बुनियादों की मांग है, तभी यह रिश्ता फलता-फूलता है और अपने साथ सुख-संतोष लेकर जीवन-पथ पर निरन्तर आगे बढ़ता है।

●●

56

पति-पत्नी और रोमांस

'शोभा, देखो तो ! इस मैगजीन में कितनी अच्छी कविता छपी है । वाह इसे पढ़ कर तो हम भी आज अपने को जवान महसूस कर रहे हैं । बेगम साहिबा, कामकाज छोड़ो, घड़ी दो घड़ी कभी हमारी पहलू में भी बैठ जाया करो न !'

'क्या बड़बड़ कर रहे हो ? देखते नहीं, मेरे हाथ आटे में सने हैं । खाने में पहले ही देर हुई जा रही है । अभी दही बिलौनी है । दाल में तड़का लगाना है । टमाटर प्याज काटना है । बस-बस अपना रसोई पुराण रहने भी दो' ।

यह एक आम मध्यवर्गीय परिवार की कहानी है । जहां दो-चार बच्चे हुए विवाह कुछ पुराना हुआ, औरतें घर-गृहस्थी की ही होकर रह जाती हैं । व्यावहारिक होना अच्छी बात है । किन्तु इतना भी नहीं कि रूमानियत को जीवन में बिल्कुल ही निकाल दिया जाए । तो जीवन एकदम उबाऊ और नीरस ही बन जाएगा... थोड़ा बहुत रूमानियत, छेड़छाड़, चुहलबाजी जिन्दगी को जिन्दादिल और जीने लायक बना देती है । रंजन बेहद खुशमिजाज, हाजिर जवाब और रसिक मिजाज व्यक्ति हुआ करता था । लेकिन जब से उसकी शादी हुई, वह एकदम गंभीर और बुझा-बुझा सा रहने लगा है । कारण था उसकी खूबसूरत किन्तु बेहद नीरस पत्नी । उसने रंजन के सारे सपने चूर-चूर कर दिए । धीरे-धीरे रंजन उससे विरक्त होता गया और एक दिन ऐसा आया कि वह अपना बोरिया बिस्तरा उठा कर एक अत्यंत साधारण शक्ल सूरत वाली, किन्तु खुशमिजाज सदा मुस्कराहटों के फूल बिखेरने वाली अपनी एक सहकर्मी के साथ रहने लगा ।

हल्की-फुल्की हंसी-मजाक में कहीं बातों को उसी भावना से लिया जाना चाहिए, जिसमें वह कही गई हो । ऐसा करने में दाम्पत्य जीवन में सरसता बनी रहती है । कल्पना कीजिए कि पति दिनभर की प्रतीक्षा के बाद जब घर आएं, तो सिर्फ-खाना बन गया, कमीज प्रेस कर दी, पैंट पर रफ्फू कर दी, आज की डाक शेल्फ पर है, बस यही सब बताकर चुप हो जाएं और रसोई में जाकर खटर-पटर करती रहें । बच्चों को पढ़ायें या टी.वी. पर अपनी पसंद का कोई प्रोग्राम देखने में तल्लीन हो जाएं । तब पति को अपनी दाम्पत्य की गाड़ी बस घिसटती हुई ही नजर आया करेगी ।

कुछ पत्नियां तो स्वभाव से ही तुनकमिजाज होती हैं । उनमें सैंस ऑफ ह्यूमर बिल्कुल भी नहीं होता । कुछ नकचढ़ी बीबियां अपने को बहुत पढ़ी-लिखी और हाई स्टेंडर्ड का समझ, हल्के-फुल्के हानिरहित मजाक चुहल-बाजियों को चीप समझकर उसकी तीव्र आलोचना करती हैं । उन्हें अपनी शान के खिलाफ समझती हैं । वे यह भूल जाती हैं कि ऐसा करके वे जीवन में क्या कुछ खो रही हैं । प्यार का अहसास कोमल है । वह प्रतिदान है, जिसके जल से दाम्पत्य की बगिया सदा हरी-भरी लहलहाती खुशबू बिखेरती रहती है ।

●●

57

आपके पति घर-जंवाई तो नहीं हैं ?

घर-जंवाई बनना कोई फ्रक की बात नहीं मानी जाती, बल्कि समाज ऐसे व्यक्ति को नीची नजरों से ही देखता है और लोग समय-समय पर ऐसे लोगों को ताने मारने से भी नहीं चूकते ।

कोई भी व्यक्ति किन कारणों से घर-जंवाई बनना पसंद करता है ? इसके लिए विभिन्न कारणों पर नजर डालने की आवश्यकता है । क्योंकि कारण विभिन्न होते हैं, ठीक उसी तरह जिस तरह विभिन्न व्यक्तियों की मानसिकता ।

एक बात तो निश्चित है कि घर-जंवाई बनने वाले व्यक्ति को अपना आत्मसम्मान तक घर रखना पड़ता है क्योंकि कोई भी खुद्दार व्यक्ति घर-जंवाई बनकर रहना पसंद नहीं करेगा जैसा कि रत्नेश ने किया । वह रचना से बहुत प्यार करता था, जो एक बहुत अमीर बाप की इकलौती परिवार से थी । उस पर तीन बहनों के विवाह की जिम्मेदारी थी । जब रचना के पापा ने उसके सामने घर-जंवाई बनकर रहने की शर्त रखी, तो उसने उनकी इस शर्त पर रचना से विवाह करने से साफ शब्दों में इन्कार कर दिया ।

बाद में रचना के पापा ने उसके इसी गुण से प्रभावित होकर रचना की शादी उसी के साथ कर दी । हालांकि रत्नेश को जरा भी उम्मीद नहीं थी कि उनकी शर्त को ठुकराए जाने के बाद भी रचना के पापा उसकी शादी रचना से ही करने पर राजी हो जाएंगे ।

वैसे आज कुछ युवक आरामतलब दौलत प्राप्त कर लेने के लालच में अपने स्वाभिमान की परवाह न करते हुए लड़की के अनाकर्षक होने पर भी उससे विवाह करके उसी के घर में रहने लगते हैं । यहां वे ऐशो-

आराम की जिन्दगी बसर करते हुए अपने गरीब मां-बाप और भाई-बहन की तरफ मुड़कर भी नहीं देखते । ऐसे मामलों में न केवल उन्हें बल्कि उनकी बीवियों को भी हर समय यही डर सताता रहता है कि कहीं लड़के के माता-पिता उनसे कुछ मांग न बैठें ।

ऐसे अधिकांश मामलों में अक्सर यही देखा गया है कि लड़की के माता-पिता अपने दामाद को एक वफादार सेवक की भांति इस्तेमाल करने लगते हैं । पत्नी के हाथों का खिलौना बना युवक पत्नी के ही इशारों पर नाचने लगता है ।

उसकी अपनी सोचने की शक्ति खत्म हो जाती है । वह सुविधाओं का ऐसा आदी हो जाता है कि गुलामी की यह कीमत उसे ज्यादा नहीं लगती ।

कुछ युवक, जो जन्मजात कामचोर होते हैं, कामकाज से बचने के लिए ससुर बड़ा पैसेवाला ढूंढ़ते हैं । कच्ची उम्र की अपरिपक्व लड़कियों को अपने जाल में फंसाना ऐसे चलता-पुर्जा किस्म के नवयुवकों के लिए कोई मुश्किल काम नहीं होता । इनका न कोई धर्म-ईमान होता है और न ही सिद्धांत । बस, पैसा ही इनके लिए भगवान् होता है ।

रजत ने अपने माता-पिता को ओल्ड पीपुल्स होम में रख छोड़ा है और दिन-रात अपने सास-ससुर की ही खिदमत में लगा रहता है । ससुर का बहुत बड़ा कारोबार है, जिसे वे और उनके तीन बेटे मिलकर संभालते हैं । रजत उनके यहां एक अच्छे और ईमानदार अनपेड सर्वेन्ट की तरह रहता है, जिसे वे जब चाहें झिड़क देते हैं, लेकिन उसकी क्या मजाल कि उनके सामने चूं भी कर सके । वह तो उनकी झिड़कियों पर भी ही...ही करके दांत दिखाने लगता है । मां-बाप बेचारे रोज उसकी प्रतीक्षा करते हैं कि बेटा शायद उनसे मिलने आज आए, लेकिन वह न आज और न कल अर्थात् उनसे मिलने भी अब कभी नहीं जाना चाहता । उल्टा उनके लिए चिढ़कर कहता है कि अब मैं उनके पास जाकर क्या करूं, जब देखो तब अपनी बीमारियों का ही रोना लेकर बैठ जाते हैं । बहुत बोर करते हैं । उनके पास मिलने जाओ तो जोंक की भांति चिपक जाते है और आसानी से पिंड ही नहीं छोड़ते ।

आजकल का माहौल ही कुछ ऐसा बन गया है कि उच्च शिक्षित

लड़कियां लड़कों पर पूरी तरह हावी होती जा रही हैं ।

लड़कियों में जहां लड़कों के गुण उनकी दबंगता, दिलेरी आदि विकसित हो रहे हैं, वहीं कुछ लड़के दब्बू और लल्लू किस्म के होते जा रहे हैं । वे इन लड़कियों से इस कदर प्रभावित हैं कि उनकी सोचने की प्रवृति को तो जैसे लड़कियों के आगे ताला पड़ जाता हैं । बीवी बनकर वह पति को पूरी तरह अपने काबू में कर लेती हैं । अगर वह कमाऊ हैं, तो उसमें इस बात को लेकर अहंकार भी बढ़ जाता है ।

वह पति का ध्यान उसके माता-पिता की ओर बड़ी आसानी से कर देती हैं । उसके बाद पति महाशय को ससुराल की चौखट किसी मंदिर की चौखट से कम नजर नहीं आने लगती हैं, जबकि माता-पिता रास्ते के पत्थर । दामाद की अपनी मर्यादा होती है । यह बात कहने का यहां यह तात्पर्य कदपि नहीं है कि लड़का अपने सास-ससुर की इज्जत न करे और उनसे रूखा बर्ताव करे, लेकिन ऐसा भी नहीं होना चाहिए कि नए रिश्तों के आकर्षण में बंधा वह अपने जन्म-दाताओं को भुलाकर उस पवित्र रिश्ते की डोर ही काट दे ।

●●

58

अवैध सम्बंधों की हकीकत

'नाजायज' शब्द सभ्य समाज में ही प्रचलन में आया है वरना आदिम युग में जब सैक्स को लेकर किसी प्रकार की वर्जना नहीं थी, कोई भी सम्बंध जायज या नाजायज नहीं होता था।

अनामिका की दादी उस दिन अपनी बहू को समझा रही थी कि उनकी पोती रीमा को इतनी आजादी न दी जाये कि लड़की हाथ से बाहर निकल जाये। जवानी तो हम पर भी आई थी, लेकिन मजाल है किसी लड़के की तरफ आंख उठाकर देखा हो, लेकिन आजकल तो कुंआरी लड़कियां माँ बन रही हैं। यह सब लड़कियों को ज्यादा छूट देने का नतीजा है।

रीमा के दादाजी का कहना है, चली है बराबरी करने। अरे भई लड़कों को क्या है। कितनी भी जगह मुंह मारें, उनका तो कुछ बिगड़ने वाला नहीं है। लड़कियां नाजायज सम्बंध बनाकर जरूर जिन्दगी बर्बाद कर लेती हैं।

लेकिन आजकी नौजवान पीढ़ी में कुछ इन बातों का उपहास उड़ाते हैं, जैसे, पुनीता का कहना है–'बूढ़े तो न जाने कौन से युग में रहते हैं। इन्हें क्या पता जमाना कितनी रफ्तार से आगे बढ़ रहा है। जायज–नाजायज ओह शीट यार, हैल विद देयर औल्ड फैशन व्जूज़। अपने हाथों अपनी गुलामी का पट्टा सती सावित्री को मुबारक ! सैक्स एक नेचुरल डिमांड है। इसको लेकर इतना बवेला क्यों ? हर एक की जिन्दगी उसकी अपनी है। वे उसे चाहे जैसी मर्जी से जिये। स्त्री पुरुष सम्बंधों पर विवाह का अंकुश किस लिए ?'

गौरव की माँ आर्किटैक्ट और पिता चार्टर्ड एकाउटैंट हैं। पाश्चात्य सभ्यता में पला–बढ़ा गौरव कहता है–'लिव इन फ्रैंड रखने में ही फायदा है। जब तक दोनों की पटती रहे, साथ रहो ना पटे तो अलग हो जाओ, तलाक वगैरह का झंझट ही नहीं। सैक्स की भूख पेट की तरह ही

शारीरिक आवश्यकता है । इसे तलब लगने पर कहीं भी पूरा किया जा सकता है । इसमें जायज-नाजायज का सवाल ही क्या ?' सारिका एक होटल में रिसेप्शनिस्ट है । खूबसूरत और कमाऊ होने पर भी विवाह के लिए लड़के वाले उसके माँ-बाप से मोटी रकम दहेज के रूप में चाहते थे । शादी की उम्र निकल जाने पर उसने कॉलगर्ल का धंधा करना शुरू कर दिया । निःसंकोच होकर वह बताती है—पहले डर लगा रहता था । किसी पहचान वाले को पता न लग जाए । अब तो आदत हो गई । इसमें फायदा ही फायदा है । पैसे के अलावा कांटैक्टस बन जाते हैं । दैहिक सुख मिल जाने से बड़ी उम्र की अविवाहिताओं की तरह फ्रस्ट्रेशन और चिडचिड़ाहट नहीं होती । इससे बच जाती हूं ।' पश्चिम में बिना विवाह के सैक्स सम्बंध एक आम बात है । वहां इसे बुरा नहीं समझा जाता । स्वीडन जर्मनी में विवाह संस्था अब बहुत महत्वपूर्ण नहीं रही । वहां नाजायज सम्बंधों से पैदा होने वाले बच्चों की देखभाल चाइल्ड होम में होती है । बच्चे अनाथों की तरह पलते हैं । इन्हें अपने माँ-बाप का अता-पता तक नहीं होता । लेकिन हमारे यहां हालत अभी इतनी खराब नहीं है । अगर नाजायज सम्बंधों को जायज करार दे दिया जाए, तो समाज में उथल-पुथल की स्थिति आ जाएगी । परिवार जो सबसे मजबूत संस्था है, का विघटन हो जाएगा । परिवार ही मनुष्य को मनुष्य बनाता है । उसमें मानवीय गुणों का विकास परिवार में ही होता है । जिस बच्चे को माँ-बाप का प्यार नहीं मिलता, उसके व्यक्तित्व में भारी कमी रह जाती है । भावनात्मक रूप से वह कमजोर होता है । माना कि दहेज के कारण लड़कियां अनब्याही रह जाती है ।

हर पहलू से विचार करने पर निष्कर्ष यही निकलता है कि विवाह ही जायज सम्बंध है । अगर वह असफल होता है, तो तलाक का विकल्प है । स्वयं स्त्री-पुरुष की भलाई इसी में है कि जायज-नाजायज की सीमारेखा का उल्लंघन न किया जाय, क्योंकि गलत राह मंजिल तक नहीं पहुंचाती । उसमें सिवाय भटकाव के और कुछ न मिलेगा । यह भौतिकवादी संस्कृति में स्वार्थ की पराकाष्ठा होगी कि स्त्री पुरुष आनेवाली संतान के बारे में न सोचकर अपना ही सुख देखे और आने वाली संतान का भविष्य अंधकारमय कर दें । ●●

59

छोटा पति, बड़ी पत्नी

हम जिस अंक्रमण–काल से गुजर रहे हैं, उसमें पुरानी सभी मान्यताओं में तेजी से उलट–फेर हो रहा है । हमारी सबसे अहम और बेसिक संस्था है–'विवाह संस्था', जिसका स्वरूप भी आज तेजी से बदल रहा है । विवाह से जुड़ी आज कई मान्यताएं नकार दी गई हैं । उनकी जगह नई रीतियां अपनी सुविधानुसार चल पड़ी है । इन्हीं में से एक है–औरत का पति से उम्र में ज्यादा होना । यह दोनों को ही सूट करने लगता है । कारण कुछ मनोवैज्ञानिक और कुछ नए जमाने के पैदा किए हुए हैं ।

आज के युवक–युवतियां दोनों ही कैरियर को लेकर बेहद महत्वाकांक्षी हैं । उन्हें कुछ बनने का जुनून रहता है । उसके लिए वक्त चाहिए । पहले पढ़ाई, फिर जॉब, तब तक अच्छी खासी उम्र निकल जाती है । लड़कियां अपनी मेहनत, लगन, सिंसियरिटी और प्रिफरेंस के कारण जल्दी अच्छा जॉब और प्रमोशंस पा लेती हैं । कुछ अन्य कारण भी हो सकते हैं, जैसे नैतिकता से समझौता करना आदि ।

फिर पद के गुरूर में वे पति नाम के जीव की दबैलदारी में रहना पसंद नहीं करती, जैसे अनीषा चिनॉय जो एक ऊंचे प्रशासनिक पद पर कार्यरत हैं, कहती हैं–शादी करूंगी तो अपने से कम उम्र वाले से, जो मुझसे किसी तरह के सवाल–जवाब न करते हुए मुझे सम्मान की जिन्दगी देगा । भले ही वह मुझसे कम कमाए, लेकिन मुझ पर हावी न हो, क्योंकि वो मैं बर्दाश्त नहीं कर सकती ।

आज की कमाऊ, आत्मनिर्भर आत्मविश्वास से पूर्ण औरत को संरक्षक की नहीं, बल्कि साथी की जरूरत ज्यादा है, जिसकी आपूर्ति कम उम्र का पति बखूबी कर सकता है ।

एक सच्चाई यह भी है कि युवतियां ब्यूटी पार्लर की बदौलत उम्र को धता बताने में सक्षम हो गई हैं । वे हैल्थ एंड फिटनैस को लेकर बेहद जागरूक हैं । बालों की सफेदी अब कोई समस्या नहीं है । थैक्स टू लॉरियल, गार्नियर, गोदरेज और बीगॅन आदि । रिंकल फ्री क्रीम और लोशन है । तरह-तरह की मेकअप विधियां हैं । शहनाज हुसैन को देखें, उनकी उम्र कौन बता सकता है । इसी तरह हेमा मालिनी, रेखा, शर्मिला टैगोर को देखें, तो उम्र के पांचवें दशक में भी वे बेहद आकर्षक हैं । आज की फैशनपरस्त औरतों की वे रोल माडल हैं ।

उदिता माडलिंग के क्षेत्र में हैं । स्वयं भी बाडी टैपल के नाम से माडलिंग स्कूल चलाती हैं । माडलिंग की ट्रेनिंग के लिए अपनी बहन को छोड़ने आने वाले रुद्राक्ष महाजन की उनसे जो आंखें चार हुईं, तो उम्र में दस वर्ष बड़ी उदिता से कुछ दिनों की कोर्टशिप के बाद उसने विवाह कर लिया ।

मदर फिक्सेशन को लेकर मनोवैज्ञानिकों का मत है कि पुरुषों में एक कॉम्पलैक्स होता है, जिसकी प्रेरणा से वह पत्नी में माँ की छवि ढूंढने का प्रयास करता है । दरअसल हर पुरुष में कहीं एक बच्चा छुपा होता है, जो माँ के सामीप्य के लिए लालयित रहता है । बड़ी महिलाओं से विवाह करने के पीछे एक कारण बचपन में माँ के प्यार का अभाव भी हो सकता है । यह एक ऐसी कमी होती है, जिसे पूरा करने की चाह हर पुरुष को शिद्दत से होती है । उसके क्रोध, गर्जन व गुस्से को जैसे एक माँ अपनी ममता से शांत करती है, उसे ऐसी पत्नी चाहिए । ऐसी नहीं जो आग में घी का काम करे ।

उकसाने वाला प्यार अस्थायी होता है, जब कि धीर-गंभीर प्यार में स्थायित्व होता है । समस्याओं से जूझने का गहरा माद्दा व्यक्तित्व में गंभीरता लिए उम्रदराज औरतों में ही पाया जा सकता है । वे ही पति को आंतरिक सुरक्षा प्रदान कर सकती हैं, उसे बेहतर मॉरल स्पोर्ट देकर ।

बड़ी उम्र की पत्नी के साथ पति जो कंफर्ट लेवल महसूस करता है, एक कम उम्र युवती के साथ शायद इतना नहीं, क्योंकि वहां उसके ऊपर कई फ्रंट से अलग-अलग तरह के दबाव होते हैं ।

वहां जिम्मेदारियां अधिक होती हैं । हीरो बनने का दबाव भी है ।

इमेज बनाने की फिक्र भी है । यहां कंफर्ट है ।

पति बड़ा, पत्नी छोटी कम्फर्ट :- जोन नहीं है, जहां वो रिलेक्स कर सके । छोटी उम्र की पत्नी ज्यादा कमा रही है, टेलेंटड है, तो पति को ईर्ष्या हो सकती है । अहम का टकराव हो सकता है । यह प्रॉब्लम बड़ी उम्र की स्त्री के साथ नहीं आती । वे अनुभवी होने के कारण ऐसी कोई समस्या पैदा ही नहीं होने देगीं । धीरे-धीरे वे पति के लिए जरूरत बन जाती हैं ।

इस तरह के मैच में केवल सब्ज बाग ही हों, ऐसा भी नहीं है ।

पुरुष का भ्रमर मन कब परिपक्व से ऊब कर कमसिन की ओर आकृष्ट हो जाए, कहा नहीं जा सकता । मजबूरी में किए जाने पर ऐसा विवाह पुरुष के लिए शर्मिंदगी का कारण बन सकता है । समाज में ऐसे सम्बंधों को बहुत ज्यादा स्वीकृति नहीं मिल पाई है । पारम्परिक रूप से जो विवाह होते हैं और बहुलता उन्हीं की है, उनमें अभी पुराना कांसेप्ट अर्थात कि दुल्हा बड़ा, दुल्हन छोटी ही कार्यान्वित है । पुरुष की बॉसगिरी उन्हीं पर चलती है ।

अब संयुक्त परिवारों के बिखर जाने से लोगों की सोच, उनकी साइकी में बाहरी तौर से बदलाव जरूर आया है, लेकिन फिर भी फितरतें तो नहीं बदल सकतीं । संयुक्त परिवारों में प्रेमालाप के लिए जहां पत्नी प्रेयसी के रूप में थी, वहीं माँ गाईडेंस के लिए ममता बरसाने के लिए थी । आज ऐसा नहीं है । माँ का कोना खाली रहता है । उसी की आपूर्ति वह मेच्योर पत्नी से करना चाहता है ।

यह जहां सुविधाजनक बंधन है, बायलॉजिकली भी उम्र का यह फासला पति-पत्नी के लिए गलत नहीं है, क्योंकि पुरुष-स्त्री के मुकाबले कम उम्र में यौन क्षमताओं के शिखर पर होता है ।

अंततः इस बात से भी असहमत नहीं हुआ जा सकता कि जोड़ियां ऊपर बनती हैं । किस को कौन पसंद आ जाए, कहा नहीं जा सकता । जहां प्यार, विश्वास, आपसी समझ और कांपेटिबिलिटी होती है, विवाह जरूर सफल होता है । उम्र मायने नहीं रखती ।

●●

60

लव मैरिज के साइड इफैक्ट्स

रिशा की मुलाकात उत्कर्ष से किसी पार्टी में हुई थी । पहली नज़र में ही वे एक-दूसरे को दिल दे बैठे । मुलाकातें बढ़ीं । कैमिस्ट्री ने अपना जादू दिखाया और तीन महीने बीतते न बीतते उन्होंने शादी का फैसला कर लिया ।

रोशनी की विनीश से दोस्ती नेट पर चैटिंग करने के दौरान हुई थी । बातचीत करते-करते ही उनमें एक-दूसरे को लेकर ऐसी दीवानगी पैदा हुई कि माँ-बाप के लाख मना करने के बावजूद रोशनी ने बेरोज़गार विनीश से कोर्ट मैरिज कर ली । फिर वही हुआ, जिसकी आशंका थी । चार दिन में जब प्यार का बुखार उतरा । पैसे को लेकर उनके बीच आए दिन झगड़े होने लगे । एक दिन झगड़ा इतना बढ़ा कि गुस्से में आकर रोशनी ने अपनी कलाई धारदार छुरी के काट ली । खैर वह बच तो गई लेकिन विनीश से उसके सम्बंध हमेशा-हमेशा के लिए खत्म हो गए ।

भावनाओं में बहकर लड़कियां विवाह बगैर सोचे-समझे कर तो लेती हैं, लेकिन फिर निभा नहीं पातीं । जल्दबाजी में लिए गए फैसले पर उन्हें आजीवन पछताना पड़ सकता है । ऐसा नहीं है कि माता-पिता द्वारा तय किए गए रिश्ते हमेशा सफल ही रहते हैं । तलाक अरेंज्ड मैरिज में भी होते हैं, फिर भी तुलनात्मक रूप से देखा जाए, तो प्रेम विवाह कम ही सफल होते हैं ।

लव मैरीज में साइड इफैक्टस के कई कारण हैं ।

सुंदरता को लेकर कांपलेक्स :- लड़का अमीर देखकर अगर किसी खूबसूरत लड़की ने उसके साधारण या असाधारण से भी कमतर लुक्स को अनदेखा करते हुए फांस कर शादी कर ली, तो कुछ ही दिनों

में पता चलता है कि उसमें कांपलेक्स घर कर जाता है । वह हर समय पत्नी को लेकर असुरक्षित महसूस करता है । नतीजन वह उसे लेकर हर मिलने वाले पर शक करने लगता है । कई बार तो घर के नौकर तक उसके शक के दायरे में आ जाते हैं और ताज्जुब नहीं, जब कभी उसका यह शक सच भी साबित हो ।

पति हैंडसम हो और लड़की काली और बदसूरत हो तो, वह उस पति को जिसे उसके अमीर पिता ने पैसों से खरीदा होता है, शक से देखती है । उसे लेकर वह ओवर पजेसिव हो जाती है । इस तरह की गिरफ्त से पति कई बार छुटकारा ढूंढने लगता है । कुछ सिंसियर भी होते हैं, लेकिन ज्यादातर केस में नहीं ।

मानसिक स्तर में असमानता :- दोनों के बीच कॉम्पेटिबिल्टी जरूरी है । इसके लिए दोनों की सोच में भी समानता जरूरी है । पहले शिक्षा के स्तर में असमानता इतने मायने नहीं रखती थी, लेकिन आज महिलाओं में अवेयरनेस बढ़ी है । अपनी अस्मिता व अधिकारों को लेकर वे सचेत हो गई हैं । वे पति की गुलाम बनने को तैयार नहीं । अगर वे पढ़ी-लिखी हैं, तो अपनी बात तार्किक ढंग से समझा सकती हैं, जिसे पति सही होने पर देर-सवेरे मानेगा ही । पढ़ी-लिखी न होने पर अपनी बात समझा न पाने पर वह फ्रस्ट्रेटेड रहेगी । ऐसे में उनका दाम्पत्य खुशहाल नहीं रह सकता ।

प्रेक्टिकल होकर न सोचना :- जैसा कि शुरू में हमने रोशनी और विनीश के केस में देखा, रोशनी ने जज्बाती होकर अपने प्रेमी से विवाह तो कर लिया, मगर यह नहीं सोचा कि उसे जो इतनी ऐशपूर्ण जिन्दगी की आदतें पड़ी हुई हैं, वे विनीश के बेरोज़गार होने की स्थिति में कैसे पूरी होंगी ।

माता-पिता जब बेटी के लिए लड़का ढूंढते हैं, वे सबसे पहले इस बात पर ध्यान देते हैं कि लड़का कुछ कमाता-धमाता भी है या नहीं । लड़के के माँ-बाप भले ही अमीर हों, लड़का अपने पैरों पर खड़ा हो, यह सभी लड़कियों के माँ-बाप जरूरी समझते हैं ।

केवल मन ही न देखें-जब प्यार करे कोई तो देखे केवल मन, जगजीतसिंह की गाई गजल सुनने में बहुत मधुर अच्छी लगती है, लेकिन

वास्तविकता से कोसों दूर है । प्यार में एज बहुत मायने रखती है । प्रेमी प्रेमिका की गुटरगूं में चहक तभी मिलेगी, जब दोनों हम उम्र हों । आज के दौर में आदर्श यही होगा । फादर फिगर या मदर फिगर दिल का एक ही कोना संतुष्ट करेगा । ओवरऑल संतुष्टि के लिए फ्रैंडशिप जरूरी है।

बड़ी उम्र के पुरुषों के पास जिन्दगी का अनुभव होता है । वे युवतियों की पसंद-नापसंद अच्छी तरह जानते हैं । बड़ी उम्र में उनमें ठहराव भी होता है, जिस पर कई बार लड़कियां निछावर हो जाती हैं । उन्हें उसमें आदर्श पति मटीरियल नज़र आता है, लेकिन उनसे शादी के बाद जब उनमें उन्हें जवानी का जोश नहीं मिलता, तो वे मायूस हो जाती हैं ।

ये हैं लव मैरजि के कुछ साइड इफैक्ट्स ।

इसलिये अच्छा तो यही रहेगा कि माँ बाप द्वारा तय की गई शादी को ही प्रिफरेंस दी जाए । प्यार अंधा होता है । इसमें अच्छा-बुरा कुछ दिखाई नहीं देता । विवाह जीवन का एक अहम फैसला है, जिसमें जिन्दगी फिर नये सिरे से शुरू होती है ।

शुरूआत बेहतर हो, यह सभी जोड़े चाहते हैं । अगर धोखेबाजों की बात छोड़ दी जाए, क्योंकि आज प्यार करने के बाद विवाह का झूठा नाटक कर बेवफाई करने वाले न लड़कों की कमी है, न लड़कियों की।

उपर्युक्त सभी पहलुओं पर खूब सोच विचार कर ही सात फेरों के बंधन में बंधें । आज के वक्त में जांच पड़ताल का कोई बुरा नहीं मानेगा और मानना भी नहीं चाहिए ।

●●

61

बैरी बन गए आर्थिक मुद्दे

संयोगिता और करन बवेजा को प्रेम-विवाह हुआ था। शुरू के कुछ महीने तो मौज मस्ती में शांतिपूर्वक गुजर गए, किन्तु ज्यों-ज्यों पैसे की तंगी होती गई, उनका आपसी प्यार भी घर की चौखट पार कर हवा हो गया।

दोनों में तकरार इतनी बढ़ जाती कि पड़ोस, मुहल्लेवालों के लिए अच्छा खासा तमाशा बन जाती। तोहमतों, आरोपों का दौर खत्म होने में न आता। आखिरकार तय यह हुआ कि चूंकि अकेले करन की तनख्वाह में गुजारा होना मुश्किल है, संयोगिता भी कोई जॉब पकड़ लेगी। एक टूरिस्ट कम्पनी में करन का दोस्त मैनेजर था। उसी की सिफारिश पर संयोगिता को वहां स्टेनों का काम मिल गया। लेकिन अब नई समस्याओं का दौर शुरू हो गया था। कुछ करन का शक्की मिजाज, कुछ संयोगिता के व्यवहार का खुलापन। यह समस्या आर्थिक समस्या से भी ज्यादा गंभीर बन गई।

रीना और शिशिर दोनों पति-पत्नी अच्छा खासा कमाते। लेकिन खर्च का उनके यहां कोई हिसाब नहीं। दोनों ही बेहद शौकीन मिजाज खर्चीले स्वभाव के, तिस पर घर खर्च की कोई प्लानिंग नहीं। सो हर समय कर्ज में डूबे रहने पर तनावग्रस्त रहते। जब कर्जदार तकाजे करते, पहले तो उन्हें शर्मिन्दगी भी महसूस होती थी लेकिन धीरे-धीरे उनका स्वाभिमान मरता गया। अब उन्हें कर्ज के लिए टोके जाने पर कोई असर ही न होता। जैसे-जैसे उनके दोस्तों पर उनकी हकीकत जाहिर होती गई, वे ही लोग जो पहले उनके उच्च स्तरीय रहन-सहन से अत्यंत प्रभावित थे और जो उनकी प्रशंसा करते न थकते थे, उनसे अब कटने लगे।

इंसानी फितरत भी अजीब है । कई लोगों का इतना खर्चीला स्वभाव होता है कि उनके पास पैसा टिकता ही नहीं । कई इतने कंजूस मक्खीचूस होते हैं कि उन पर यह कहावत-'चमड़ी चली जाए पर दमड़ी न जाए' शत प्रतिशत लागू होती है । पति-पत्नी जब इस तरह के अपोजिट एक्सट्रीम (विलोम अति) हों, तो देखिए कैसे डॉयलॉग चलते हैं ।

पतिदेव टूर से लौट कर आए । वे जैसे ही घर में घुसे रामजीदास एंड संस की दुकान का आदमी ढेर सारे पैकेट और डिब्बे लिये उनके पीछे चला आया । श्रीमतीजी ने उसे नोटों की गड्डियां थमाई और चलता किया ।

अब वे चहकती हुई पतिदेव की ओर मुखातिब हो बोली–'डार्लिंग, वह दुकानवाला कह रहा था, बहनजी पैसे कहां भागे जा रहे हैं, अपनी सुविधा से जब चाहे दे दीजिएगा । लेकिन मैं उधार में बिलीव नहीं करती। देखें कितनी सुंदर-सुंदर साड़ियां और सूट हैं ।'

'मैं पूछ सकता हूं यह खरीददारी किस खुशी में की गई है ? तुम्हारी बेटी की शादी या बहू आने वाली है ?' 'आप भी अच्छा मजाक कर लेते हैं । भला उनकी शादी अभी कहां, अभी तो वे नर्सरी केजी में ही हैं ।'

'फिर क्या आप दूसरा विवाह रचाने जा रही हैं ?' पतिदेव तैश में बोले ।

अब पत्नी भी गंभीर हो गई । 'क्या मतलब है आपका । क्या शादी ब्याह पर ही कपड़े खरीदे जाते है ? स्वयं तो कुछ लाना दूर, मैं ही अगर कुछ खरीदती हूं, तो तुम्हें परेशानी होती है ।'

'क्या यह सही नहीं है । तुम्हारी यही आदतें एक दिन हमें सड़क पर पहुँचा देंगी,' कहकर पतिदेव बाथरूप में घुस गए ।

पुरुष पत्नी पर अधिकार जमाकर संतुष्ट होता है । उसकी यह मानसिकता सदियों से चली आ रही है । यहां तक कि उसकी साइकी में रच-बस गई है । पत्नी उसके आगे हाथ फैलाए, तो उसका अहम संतुष्ट होता है, लेकिन जहां पत्नी स्वयं भी अर्निंग मेंबर बन जाती है, स्वाभाविक है कि अपनी कमाई का कुछ हिस्सा वह अपने ऊपर अपने ढंग से खर्चना चाहती है । यही पति-पत्नी के बीच तकरार का मुद्दा बन जाता है ।

पति-पत्नी बैंक में अपने एकाउंट चाहे ज्वाइंट रखें या अलग-अलग,

यह उनकी अपनी सुविधा की बात है । अलग-अलग एकाउंट होने से किचकिच से वे बच सकते हैं, क्योंकि फिर हर खर्चा एक-दूसरे की नजर में नहीं आएगा । पत्नी में हीन भावना न होगी । आपातकाल में यह पैसा मददगार साबित हो सकता है ।

ज्वाइंट एकाउंट से अपनत्व की भावना आती है । एक-दूसरे के खर्च पर, अगर बेतुके हैं, अंकुश लगाया जा सकता है ।

बहरहाल आर्थिक मुद्दों को इश्यू बनाकर एक नायाब जिन्दगी की खुशियों के पल व्यर्थ जाया करना, आप खुद ही जरा-सा सोच कर देखें, क्या किसी भी तरह आपके और उनके लिए उचित है ?

●●

62

दाम्पत्य सदाबहार रखने के सूत्र

आस्था को शादी के कुछ समय बाद ही ऐसा लगने लगा कि अभय से शादी कर उसने भयंकर भूल की है । असल में वह एक-दूसरे के लिए बने ही नहीं हैं, तभी उनकी आपस में जरा भी पटरी नहीं बैठती ।

लेकिन यह सच नहीं है । जब उन्होंने शादी के पूर्व एक-दूसरे को अच्छी तरह जांच-परख लिया था, तो बाद में उनका रिश्ता 'भयंकर भूल' कैसे माना जा सकता है । प्रेमी-प्रेमिका की तरह मिलना और पति-पत्नी बनकर एक साथ एक ही छत के नीचे रहने में फर्क होता है । जहां पहले किसी तरह के कमिटमेंट्स नहीं होते, बाद में कुछ बंदिशें तथा कुछ कमिट्मेंट्स तो होते ही हैं । भले ही वे दम्पति कितनी ही आजादी का दम क्यों न भरते हों ।

वैवाहिक जीवन की सफलता के लिए प्रयत्न पति-पत्नी दोनों की ओर से होना चाहिए । यह वह अलाव है, जिसे जलाए रखने के लिए हमेशा प्रयत्नरत रहना पड़ता है । वरना शनैः शनैः यह आग ठंडी पड़ने लगती है ।

कम्युनिकेट करें :- सम्बंधों की मजबूती के लिए यह बेहद जरूरी है कि आप दोनों आपस में अपने विचार बांटे । सिर्फ सांसारिक बातें ही काफी नहीं होती । भावनाओं को समझना भी जरूरी है ।

एक-दूसरे को समय दें :- सामाजिक सम्बंधों के फेर में या ओवर एंबीशन के चलते साथी को उपेक्षित न करें । उसे पर्याप्त समय दें, जिसमें प्यार की गुटरगूं का बहुत महत्व है । इससे न केवल टेंशन रिलीज होगा, बल्कि यह आपको सदा जवान, बाइबरेंट लाइवली रखेगा । जितना ज्यादा बढ़िया इंटरएक्शन होगा, उतना ही प्यार बढ़ेगा, एक-दूसरे की फीलिंग्स

को समझ पायेंगे ।

चुलबुलापन, विनोद, मस्ती :- ऐसा अक्सर होता है कि विवाह के कुछ समय बाद ही जहां परिवार बढ़ा, दम्पति गंभीरता का लबादा ओढ़ लेते हैं । बातचीत के विषय सिर्फ कार्य से सम्बंधित ही रह जाते हैं । सारी मस्ती हवा हो जाती है । अतीत बन के रह जाता है, सारा चुलबुलापन, विनोद, मस्ती । क्या दाम्पत्य में अब उनकी कोई अहमियत नहीं रह जाती है ? ऐसा सोचना सरासर गलत है । जीवन मजेदार बना रहे, रस से भरपूर रहे, उसके लिए हल्की-फुल्की छेड़छाड़, शरारत तो पति-पत्नी में ताजिन्दगी होती रहनी चाहिए ।

दोनों के बीच ताजी हवा के लिए स्पेस :- प्रसिद्ध लेखक खलील जिब्रान के अनुसार जीवन साथी के करीब रहते हुए भी दोनों के बीच इतनी दूरी होनी चाहिए कि उन दोनों के बीच ताजी हवा आ जा सके । एक-दूसरे से जी भरकर प्यार तो करें, लेकिन किसी बंधन में न बांधे ।

खलील जिब्रान की इस बात में गहरी सच्चाई है । कई दम्पति पजेसिवनेस को ही प्यार समझने की गलती कर बैठते हैं । जो कई बार ऑबसेशन की हद तक पहुंच जाता है, जो कि एक मानसिक व्याधि है। साथी के इर्द-गिर्द ऐसा सर्कल बना देना, जिसमें सिर्फ वही हो, साथी के व्यक्तित्व का हनन है । विवाहोपरांत हालांकि पति-पत्नी दोनों साथ ग्रो करते हैं, लेकिन अपनी तरह अपनी स्वतंत्र जमीन-आसमान लेकर ।

जीवनसाथी से बढ़कर दोस्त नहीं :- पारंपरिक रिश्ते से भिन्न आज पति-पत्नी का रिश्ता आका और गुलाम का न होकर दोस्ती का होने लगा है । यह इस रिश्ते का एक सुखद पहलू है । आज स्त्री भी पुरुष की तरह ही उच्चशिक्षित है । बराबर की समझ और ज्ञान रखती है, बल्कि समझदारी के मामले में उसके पास एक्स फैक्टर है, जो पुरुषों में कम ही देखने को मिलेगा । एक अंतर्ज्ञान, एक सिक्स्थ सेंस है उसके पास, जो मुसीबतों से निपटने में सहायक होता है ।

पुरुष ज्यादातर कर्मठ और जल्दबाज होते हैं । स्त्री का धैर्य उसकी जल्दबाजी को संतुलित रखता है । इसी तरह उनके अन्य गुण एक-दूसरे के विरोधी न होकर पूरक होते हैं जो एक-दूसरे को कॉम्पलीमेंट करते हैं,

इसीलिए उनकी दोस्ती आदर्श हो सकती है । वे बढ़िया साझीदार हो सकते हैं । अपनी हर बात, हर प्रॉब्लम शेयर करते हुए । बस इतनी सावधानी जरूर बरतें कि अपने को खुली किताब न बना लें । कुछ राज, राज ही रहने दें, पुरुष की साइकोलॉजी को समझते हुए । वे पूर्व प्रेमी की बात आसानी से पचा नहीं पाते चाहे, अपने लव अफेयर्स की कितनी ही डींग मार लें ।

प्यार को चाहिए डेलीडोज :- आज जबकि ज्यादातर युवतियां नौकरीपेशा हैं या अपना बिजनेस करने में व्यस्त हैं, ऐसे में संभव है कि उनके बीच प्यार अनचाहे या अनजाने ही उपेक्षित रहने लगे और फिर उसके गंभीर परिणाम सामने आएं । इसे डेली यानी कि नियमित रूप से डोज देते रहें, ताकि उसका स्वस्थ विकास होता रहे, तभी तो यह मजबूत और स्वस्थ होकर सदाबहार फूल बरसाएगा ।

आप मोबाइल फोन चार्ज करना नहीं भूलते, फिर दाम्पत्य के प्यार को रीचार्ज करना क्यों भूलें । बैट्री डाउन होने ही न दें । नजरों से दूर भले हों मगर टच में रहें ।

ई-मेल तथा मोबाइल फोन सुविधा का भरपूर लाभ उठाते हुए अच्छी-सी पिक्चर, कुछ भी फनी-सी बात, ई-मेल या मोबाइल फोन पर भेजकर तो देखें कनेक्शन बने रहेंगे । पति सेक्रेटरी की बांहों में नहीं झूलेंगे, पत्नी बॉस को बढ़ावा नहीं देगी । छूट देकर भी गिरफ्त रहेगी मजबूत ।

और दाम्पत्य बना रहेगा सदाबहार ।

●●

63

दाम्पत्य की धुरी है सैक्स

सैक्स आज भी एक वर्जित विषय ही समझा जाता है, क्योंकि अधिकतर लोगों का दृष्टिकोण सीमित रहता है। वे किसी भी बात को निरपेक्ष होकर देखने की समझ नहीं रखते हैं। अगर व्यक्ति एक तनावरहित आनंदपूर्ण जीवन जीना चाहता है, यह जरूरी है कि वह अपनी सोच के सीमित दायरे से बाहर निकले।

सुखी संतृप्त वैवाहिक जीवन के लिए सैक्स अनिवार्य है। स्वस्थ दृष्टिकोण अपनाते हुए इसकी अहमियत को स्वीकारें, पहचानें। अज्ञानतावश कितनी ही महिलाएं अपने पतियों को अपने से विमुख कर लेती हैं। पति-पत्नी के सम्बंध तनावग्रस्त हो जाते हैं। पतिदेव दूसरी औरत के चक्कर में पड़ जाते हैं, जो उन्हें शारीरिक सुख देकर पूर्णतः अपने वश में कर लेती है। आखिर ऐसी नौबत क्यों आती है ?

सैक्स को लेकर कोई ग्रंथि :- हमारी सोच और संस्कार कुछ ऐसे हैं कि सैक्स को एक बदसूरत जामा पहनाकर ही देखा जाता है। यौन-शिक्षा वैसे तो दी ही नहीं जाती है और यदि दी भी जाती है, तो सही तरीके से नहीं। जब बच्चे, इधर-उधर से अश्लील किताबों, फिल्मों या बिगड़ैल बड़ी उम्र के लड़कों से इस विषय में गलत तरीके से ज्ञान प्राप्त करते हैं, तो इसके दूरगामी परिणाम जीवनसाथी से यौन-सम्बंधों को प्रभावित करते हैं।

जूही और टीना दोनों सहेलियां जब मात्र सात-आठ वर्ष की थीं, एक बार उत्सुकतावश सैक्स को लेकर कुछ हरकत में लीन थीं कि जूही के पापा ने उन्हें देख लिया। उन्होंने जूही को इस बात को लेकर इतना डराया-धमकाया और सजा दी कि सैक्स को लेकर उसके मन में आतंक

बैठ गया। शादी के बाद वह पति को पास नहीं फटकने देती थी। पति विभास डॉक्टर था। उसने धैर्य से काम लिया। मन:चिकित्सक की सलाह लेकर पहले जूही का प्यार से मन जीता, उसके बाद शारीरिक सम्बंध बनाया, क्योंकि तब तक जूही विभास के प्रति आश्वस्त हो चुकी थी और उसके द्वारा पति-पत्नी के शारीरिक सम्बंधों की सच्चाई भी जान चुकी थी। अगर जूही के पापा उसकी माँ को वह घटना बताकर, स्वयं कुछ न कहते, तो माँ जूही को बेहतर तरीके से समझा पाती और उसे आगे जाकर समस्या का सामना न करना पड़ता। हो सकता था कि विभास की तरह समझदार न होने पर दूसरा पुरुष पति का अधिकार न मिलने पर उसे तंग करता या शायद छोड़ ही देता।

शारीरिक सम्बंध आनंदपूर्ण तभी हो सकते हैं, जब पति-पत्नी स्वस्थ, उत्फुल्ल हों। गृहकार्यों से थककर निढाल स्त्री पति के प्रणय-निवेदन पर प्रतिक्रिया देने में असमर्थ रहती है। सैक्स अगर कष्टदायक हो, तब भी स्त्री उससे बचना चाहती है। स्त्री इस विषय को लेकर इतनी शर्म महसूस करती है कि कोई रोग या शारीरिक कमी पति या डॉक्टर को बताने से झिझकती है। पुराणों का यह कथन कि शैया पर स्त्री को वेश्या की तरह व्यवहार करना चाहिए, अपनी जगह काफी हद तक सही है, क्योंकि सैक्स में उन्मुक्त व्यवहार ही पति-पत्नी को चरमसुख दे सकता है।

गृहकार्यों के बोझ तले दबी आशा जब थकी-हारी रात को पति के साथ लेटी, तो बजाए कुछ रूमानी मधुर गुदगुदाती बातों के, महरी का रोना लेकर बैठ गई। 'अभी पिछले महीने ही एक साड़ी दी है मैंने, अब पुरानी शॉल मांग रही है। मैं तो इसके मांगने से तंग आ गई हूं। अच्छी खासी झाड़ लगाई है मैंने, मगर डरती हूं, काम छोड़कर न बैठ जाए।'

इस तरह की छोटी-मोटी समस्याओं पर विचार करने की जगह शयनकक्ष नहीं है। मिलन व प्यार के आनंद में ये तनावयुक्त बातें बाधक बन जाती हैं। पतिदेव का सारा रोमांटिक मूड इन्हें सुनकर काफूर होता नजर आता है। अगर इस पर वे कुछ कहे बगैर दूसरी तरफ मुंह करके लेट जाते हैं, तो यह मत समझिए बात खत्म हो गई। पतिदेव पर इसकी जो प्रतिक्रिया हुई है, उसका भुगतान आपको अपने आंसुओं से करना पड़ेगा। होना यह चाहिए कि सैक्स के दौरान कुछ पलों के लिए ही सही

दुनिया के झंझटों को बिसराकर सिर्फ आनंद की तरंगों में अपने को बहने दें। ये मधुर पल आपको जिम्मेदारियों और तनावों का मुकाबला करने के लिए ऊर्जा से भर देंगे। तब आप उनका मुकाबला बेहतर कर पाएंगी।

विवाहित जीवन में सैक्स के बहुआयामी परिणाम होते हैं, चूंकि यह महज एक शारीरिक प्रक्रिया, एक एरोबिक व्यायाम मात्र ही नहीं है। यह सच है कि मांसपेशियों को स्वस्थ रखने, हृदय में रक्त-प्रवाह को ठीक रखने में इसकी अहम भूमिका है, लेकिन मन पर भी इसका प्रभाव कम नहीं पड़ता। भावनात्मक और मनोवैज्ञानिक रूप से तो यह संतुष्टि देता ही है, विपरीत स्वभाव वाले दम्पति के जीवन में भी जुड़ाव, सौंदर्य, सहजता, गरिमा, स्वस्थ परिपूर्णता भर देता है। अतः जीवन की भागदौड़, कशमकश, आपाधापी, धनोपार्जन के फेर में सैक्स के महत्व को न भूल जाएं।

●●

64

प्यार पति से करें, उसकी सफलता से नहीं

समिधा से व्यवहार में आए इस घोर परिवर्तन से पति मोक्ष हैरान था। क्या यह वही समिधा है जो बात-बात पर उसे ताने दिया करती थी। उसे नीचा दिखाने के मौके ढूंढ़ती रहती थी। अब वह उसके छोटे से छोटे कार्य को करने के लिए तत्पर दिखाई देती है। पहले की तरह तेवर चढ़ाते हुए अब यह नहीं कहती कि अपना काम खुद किया करो, मेरे कोई दस हाथ नहीं हैं।

आखिर पत्नी के आए इस बदलाव का कारण मोक्ष की समझ में आ ही गया जब उसने फोन पर पत्नी को अपनी प्रिय सखी से बतियाते सुना। समिधा कह रही थी, मोक्ष के इस नये जॉब से मैं बहुत खुश हूं। पहले से अब उसे पूरी डबल तनख्वाह मिलेगी। अब मैं अपने सभी अरमान एक-एक कर पूरे कर सकूंगी।

तो यह है समिधा के बदलाव के कारण। उसे मुझसे नहीं, मेरे द्वारा कमाये जाने वाले पैसों से प्यार है।

क्या ऐसी मानसिकता रखने वाली पत्नी से कोई भी पति सच्चा प्यार कर सकता है ? यहां यह मतलब भी नहीं है कि पति चाहे जितना निकम्मा व आलसी क्यों न हो, पत्नी को उसे खुदा मान कर प्यार करते रहना चाहिए ताकि वह उसी जीवन से संतुष्ट रहे और कुछ भी करने का प्रयत्न ही न करे।

पत्नी-पति के लिए सबसे बड़ी प्रेरणा बन सकती है। पति गहरे सागर में डूबकर मोती चुन कर ला सकता है, किसके लिए ? पत्नी को सजाने के लिए ही न।

हर पति में काबिलियत का अक्षत भंडार भरा होता है। कुछ यह

बात जान लेते हैं, कुछ नहीं। जो नहीं जानते हैं, उनकी पत्नी को कर्त्तव्य बनता है कि वह पति को इसका अहसास दिलाए। जीवन में हर व्यक्ति सफल ही हो, यह जरूरी तो नहीं कभी-कभी मेहनत व काबिलियत के बावजूद किस्मत दगा दे जाती है तो क्या इससे व्यक्ति की अहमियत घट जाती है ? ऊंची डिग्रियों के बावजूद कई बार नौकरी नहीं मिलती, क्योंकि डिग्री के साथ उसके पास सिफारिश नहीं होती।

पत्नी का कर्त्तव्य :- अगर ऐसे में पत्नी पति की हौंसला अफजाई करने के बदले उसे जली कटी सुनाने लगे तो पहले से निराश व्यक्ति का मनोबल टूटते देर नहीं लगती। फिर तो यह जैसे एक दुष्चक्र बन जाता है।

हर सफल व्यक्ति के पीछे किसी औरत का हाथ होता है, इस कथन में सच्चाई है। इसी तरह उसकी बर्बादी का कारण भी औरत हो सकती है। उसे सोचना यह है कि वह इसमें से किस तरह की औरत बनना चाहेगी। पूर्ण पुरुष एक कल्पना मात्र है, जैसे एक कंपलीट वुमन। यह विचार ही नया है। आज की आधुनिक औरत जो अपने को 'कंपलीट वुमन' डंके की चोट पर कहती है, वास्तव में किसी तरह भी कंपलीट वुमन नहीं है जबकि अधिकतर पारंपरिक भारतीय नारियों को हम कंपलीट वुमन मान सकते हैं क्योंकि, उनमें कुछ ऐसा था जो आज देखने को नहीं मिलता।

रीतेश की मर्दानगी का मजाक उड़ाती उसकी पत्नी रानी इस बात से अनजान थी कि रीतेश शारीरिक सम्बंध बनाने में किसी शारीरिक कारण से नहीं बल्कि मनोवैज्ञानिक समस्या के कारण असफल रहता है। जब डॉक्टर ने यह बात बताई, तब रानी उसे समझ पाई। उसने पति के साथ कोआपरेट किया, मजाक उड़ाना बंद कर सहानुभूति पूर्वक रुख अपनाया, हौसला बढ़ाया तो बगैर किसी ट्रीटमेंट के उनके यौन जीवन में संतुष्टि भर गई। अगर रानी पति की असफलता को हथियार बना उस पर नित वार करती रहती तो उनका दाम्पत्य कभी भी खुशहाल न रहता।

एक और गलती अक्सर पत्नियां जाने अनजाने करती हैं, वह है पति की औरों से तुलना कर उसे उनसे कमतर साबित करना। घर का मुर्गा घास बराबर वाली कहावत शायद यहां ठीक होगी।

पत्नी की बेरुखी विवाहेतर सम्बंधों का कारण :- पति को जब घर में प्यार नहीं मिलेगा, स्वभाविक है वह उसे अन्यत्रा ढूंढ़े। इसके लिए हम केवल उसे दोषी नहीं मान सकते। नौकरी के लिए दर-दर भटकता शहर-शहर की खाक छानता हताश परेशान पति घर आने पर पत्नी की आँखों में उपेक्षा का भाव देखता है तो यह जले पर नमक का काम करता है।

रोहित की पत्नी शैली की इसी बेरुखी ने बेरोजगार रोहित को 'दूसरी औरत' की बांहों में पनाह लेने पर मजबूर कर दिया। शैली की महत्वाकांक्षाओं ने उसका विवाहित जीवन असंतोष से भर दिया। दूसरी औरत ने उसे सच्चा प्यार देकर उसे मॉरल सपोर्ट दिया, रोहित के दिये सस्ते उपहारों को भी दिल से सराहा। शैली ने उपहारों को महज पैसे से तोलकर सदा पति की तौहीन की। ऐसे में दोषी पूरी तरह से पत्नी ही कहलायेगी।

प्यार में दोहरे मापदंड नहीं :- पति सफल है तो वह बहुत अच्छा है अगर असफल है तो बुरा है, ऐसी सोच रखने वाली स्त्रियां केवल अनैतिकता को बढ़ावा देती हैं। प्यार व्यक्ति से किया जाना चाहिए, उसकी सफलता असफलता से नहीं।

फिर मेजॉरिटी उन्हीं पतियों की है जो घर परिवार के लिए जी तोड़ मेहनत करते हैं। परिवार को सुखी देखना ही उनके जीवन का उद्देश्य रहता है। पत्नी की मनपसंद चीजों को उपहार में देकर पति बेहद खुशी महसूस करता है। पति की अच्छाइयों को देखकर पत्नी को उसे आदर और प्यार देना चाहिए। उसे पति की भावनाओं की कद्र होनी चाहिए। अच्छा बुरा वक्त आता-जाता रहता है। उसका असर प्यार पर नहीं पड़ना चाहिए।

पत्नी को पति का मनोविज्ञान समझना चाहिए। इसके लिए उसे साइकोलॉजी में पी एच्-डी करने की आवश्यकता नहीं होती। एक इनर फीलिंग होती है, एक छठी इंद्रिय होती है जो एक अनपढ़ स्त्री के पास हो सकती है, एक ऐसी समझ जो कभी-कभी उच्च शिक्षित स्त्री के पास नहीं होती। अक्सर उच्च शिक्षा के अहंकार में उसका ईगो प्रबल होकर सामने आ जाता है और कई बार नौबत तलाक तक पहुंच जाती है।

असफलता कई बार व्यक्ति को लोभ से भर देती है। व्यक्ति उसी पर अपनी फ्रस्ट्रेशन निकालता है जो उसके सबसे करीब होता है। थोड़ा गुस्सा अगर पत्नी सह भी लेगी तो उसकी सेहत पर असर नहीं पड़ेगा। हां, सीमा टूटने पर उसका कोई ठोस कदम उठाना गलत न होगा। सब्र का गुण स्त्री में जन्मजात होता है जिसका फल मीठा ही होता है। सफलता की सीढ़ियां कोई भी व्यक्ति धीरे-धीरे ही चढ़ता है। फिल्मी हीरो की तरह पिक्चर हिट होते ही सफलता हर एक के कदम नहीं चूमने लगती।

सफल पति को प्यार दें और असफल को नफरत तो आप पत्नी कैसी ? ऐसी पत्नी और बाजारू औरत में फिर क्या अन्तर रह जाएगा ?

●●